SV

Hans Mayer
Stadtansichten

BERLIN
KÖLN
LEIPZIG
MÜNCHEN
ZÜRICH

Suhrkamp Verlag

Erste Auflage 1989

Hinweise zu den einzelnen Texten
am Schluß des Bandes
Druck: Druckhaus Thiele & Schwarz GmbH, Kassel
Printed in Germany

Für Elisabeth Borchers

Inhalt

Berlin: Ort des Neuen

Wer Berlin kennt und auch mag, konnte vermutlich nicht beglückt sein über die Nachricht, die Siedlung an der Spree werde im Jahre 1988 als »Europäische Kulturstadt« fungieren. Das war als Ehre gedacht; ist fraglos auch insoweit berechtigt, als von Berlin aus immer wieder geistige, künstlerische und wissenschaftliche Impulse hinausgingen in die Welt. Freilich auch Impulse und Aktionen einer ganz anderen, durchaus ungeistigen und kunstfeindlichen Art.

Trotzdem: es gab in den vergangenen Jahren die Europäischen Kulturstädte Athen und Florenz und Amsterdam. Für das Jahr 1989, gerade recht zur Zweihundert-Jahr-Feier der Französischen Revolution und damit auch einer »Nacht der Menschenrechte« (4./5. August 1789), wird Paris die europäische Kultur und ihre Geschichte zu repräsentieren haben. Paris als »Hauptstadt des 19. Jahrhunderts«, wie es der Berliner Walter Benjamin formuliert hat. Zählt man die Abfolge der Jahre und der Städte in solcher Weise auf, so sind beim Leser (und Schreiber) die berühmten »gemischten Gefühle« fast unvermeidbar. Athen: das waren nicht allein Sophokles und Platon. Die auch für uns nach wie vor gültigen Bezeichnungen für Vorgänge unserer Zivilisation, vom Theater und Orchester bis zur Dialektik und zur Diskothek, sind griechischen Ursprungs.

Florenz: das waren nicht allein Dante, Michelangelo oder Macchiavelli. Gemeint war, mit allen Kabalen und Intrigen, plebejischen wie aristokratischen Machtkämpfen, vermutlich *eine erste Form des modernen Staats und der modernen Gesellschaft*. Das Wort »Staat« wie das Wort »Bank« erhielten durch die florentinische Gesellschaftspraxis ihren heutigen Sinn. An der Bürger- und Bankiersgeschichte der Medici, das hat die Stadt Florenz im Jahre 1986 eindrucksvoll bestätigt, ließen sich die Wirtschafts- und Gesellschaftsprobleme unserer heutigen Sozialstruktur in ihren Anfängen bestaunen (oder verurteilen).

Auch Amsterdam ist nicht bloß als die europäisch-zivilisatorische Totalität von Rembrandt Harmensz van Rijn und Baruch (oder Benedictus) de Spinoza zu verstehen. Das ungemein reiche niederländische 17. Jahrhundert, natürlich dominiert durch die Stadt Amsterdam, präsentierte sich für eine kurze Epoche niederländischer Welthegemonie in *neuen Formen eines Handelskapitalismus*. Sie waren undenkbar ohne die florentinischen Finanzerfahrungen, machten aber neue Formen des Handelsverkehrs sichtbar. *New York* wurde, was gern vergessen wird, als *Neu-Amsterdam* begründet.

Läßt man sich auf solche Vergleiche ein, so nimmt sich Berlin – aber was wäre unter Berlin zu verstehen? – ein bißchen dürftig aus. Siebenhundertfünfzig Jahre, freilich. Doch ohne Propyläen und Grabmäler der Medici, ohne die Erinnerung an die Kostüme und Rituale der »Nachtwache« von Rembrandt. Europäische Kulturstadt Berlin? Die gibt es wohl erst seit der Mitte des 18. Jahrhunderts. Der Große Kurfürst und *Andreas Schlüter* haben zweifellos, aus der Sicht einer deutschen Kulturgeschichte, reale Bedeutung gehabt. Trotzdem hielt man in Versailles, wo damals dekretiert wurde, was man wovon zu halten habe, das Kurfürstentum Brandenburg mit seinem ostpreußischen Anhängsel nicht gerade für besonders wichtig. Man war höflich, weil die Politik unter Ludwig XIV. und seinem Urenkel Ludwig XV. die brandenburgisch-preußische Karte auszuspielen gedachte beim permanenten Konflikt mit den Habsburgern zu Wien.

Als es dann jedoch dem persönlichen Sarkasmus Friedrichs II. gelungen war, nach zwei erfolgreichen Kriegen um Schlesien, den fünfzehnten König Ludwig (sprich: die Marquise de Pompadour) zu einem Umkippen der Bündnisse (renversement des alliances) zu veranlassen, brauchte man den Hochmut nicht mehr zu verbergen. Von nun an war König Friedrich einfach der Marquis de Brandebourg: was er in der Tat war, nämlich Markgraf von Brandenburg. Freilich auch einer der sieben mächtigen Kurfürsten des Heiligen Römischen Reiches Deutscher Nation, und König im fernen Ostpreußen. Nach den Siegen über Wien nunmehr auch offiziell »König von Preußen«. Als solcher gehörte er allerdings nicht zum Bereich des Deutschen Reiches, was Friedrich gerade recht und lieb war. So konnte er bald darauf bei Rossbach die Franzosen zusammen mit einer Reichsarmee besiegen.

Wir haben das noch, in den letzten Jahren des Deutschen Kaiserreichs von 1871, in der Schule gelernt:

Und wenn der große Friedrich kommt
Und klopft gleich auf die Hosen,
So läuft die ganze Reichsarmee,
Panduren und Franzosen.

Die Widersprüche der friderizianischen Kultur sind immer wieder erstaunlich. Das vom König gewünschte, von Knobelsdorff erbaute Opernhaus Unter den Linden mit seinem schönen Apollosaal. Aber bewundert hat Friedrich vor allem den in Dresden wirkenden Opernkomponisten Hasse. *Nicht Gluck, und auch nicht Mozart.* Der »Idomeneo« wurde von München in Auftrag gegeben, nicht von Berlin.

Kulturelle Gleichzeitigkeit, so wird man es heute nennen müssen, entstand für Berlin erst nach dem Tode des Alten Fritz. Viele der Jungen hatten diesen Tod herbeigesehnt. Der Graf Mirabeau, einer der späteren Urheber der Ereignisse von 1789, hat aus Potsdam berichtet, wie ungeniert das Dienerpersonal umging mit der noch nicht eingesargten Leiche des Preußenkönigs.

Sein Neffe, König Friedrich Wilhelm II., bekam in allen preußischen Geschichtsbüchern des 19. Jahrhunderts sehr schlechte Noten. Weichling, militärisch nicht interessiert, Weiberwirtschaft, Alchemie usw. Andererseits war er genau so musikalisch wie Friedrich. Ein guter Cellospieler, denn er hatte sich gehütet, das Flötenspiel zu erlernen. Aber seine Aufträge um Kompositionen gingen an Boccherini und Stamitz, an Joseph Haydn, an Mozart, der ihm wunderbare Quartette schickte. Auch noch, kurz vor dem Tode des Königs, an den jungen

Beethoven. Dessen zwei frühe Cellosonaten Opus 5 waren Auftragsarbeiten für den cellospielenden König.

Um die Wende zum 19. Jahrhundert entfaltete sich wohl zum erstenmal eine höchst *eigentümliche berlinische Kultur von europäischen Dimensionen*. Daß sie zunächst einmal hinführen sollte zur katastrophischen Niederlage Preußens bei Jena und Auerstedt, gehört zu den tragischen Momenten preußisch-deutscher Geschichte.

Jene Siege bei Rossbach oder Leuthen wurden bald abgelöst durch schwere preußische Niederlagen, durch Verwüstungen Brandenburgs wie Preußens, durch fremde Besatzungstruppen in Berlin.

Trotzdem wird, seit dieser Mitte des 18. Jahrhunderts, Berlin ein Zentrum der europäischen Kultur. Es ist das Werk König Friedrichs: mit all seinen Schrullen, Eigensinnigkeiten, Sympathien wie Antipathien. Die Konstellation von Sanssouci: Friedrich und Voltaire, muß nicht überbewertet werden. Wichtiger ist Friedrichs Interesse an den Wissenschaftlern aus dem Kreis der Enzyklopädisten. Der Besuch d'Alemberts in Berlin war entscheidender als das Freundschafts- und Intrigenspiel zwischen Friedrich und dem Verfasser des »Candide«.

Gotthold Ephraim Lessing hat den Einfluß d'Alemberts und damit trotz allem auch wohl des bewunderten Diderot auf diese neue europäische Kulturstadt Berlin höchst ungern gesehen. Wenn Friedrich in seiner französisch geschriebenen Polemik über die deutsche Sprache und Literatur den Deutschen das Ideal einer französisch geprägten Literatur entwarf, so mußte sich Lessing innerlich empören. Das Lustspiel um Minna von Barnhelm und ein preußisches Soldatenglück war keineswegs »gut fritzisch«. Der Preußische Gesandte in Hamburg hätte die dortige Aufführung gern verhindert; der zynische Monarch ließ sie zu. Wird Friedrich begriffen haben, daß die Sottisen des Leutnants Riccaut über die plumpe deutsche Sprache, die einfach »betrügen« sagt, wenn man doch bloß der Glücksgöttin ein bißchen nachhilft, eine Polemik Lessings bedeuteten gegen Friedrichs Literaturtheorie?

Es wäre reizvoll, diese besondere Epoche, zwanzig Jahre dauernd, von 1786, also vom Tode König Friedrichs bis zum Jahre 1806 und der Niederlage bei Jena, genauer zu interpretieren. Hier traten zum erstenmal die typischen Elemente einer sowohl berlinischen wie allgemein-preußischen Zivilisation in Erscheinung. Auch schon mit einem sonderbaren und einzigartigen Merkmal: der *Symbiose zwischen aufgeklärten preußischen Aristokraten und einem emanzipierten Berliner Judentum von Bildung und Besitz.*

Es ist nicht so, wie man noch unter der Weimarer Republik in preußischen Gymnasien zu lernen hatte: daß erst die Katastrophe von Jena in Preußen die umfassende Modernisierung des gesamten Staatswesens provozierte. Alles erwies sich später als vorbereitet in jenen zwei Jahrzehnten nach dem Tode des königlichen Aufklärers mit so vielen aufklärungsfeindlichen Symptomen. Was sich in Frankreich in jener Nacht der Menschenrechte am 4. August 1789 herausstellte: daß weite Teile der Aristokratie überwechselten zur Bewegung des emanzipatorischen Bürgertums, gilt auch für das friderizianische Preußen. Andererseits war es kein Zufall, daß die von Friedrich ignorierte neue deutsche Literatur sowohl der Lessing-Zeit wie vor allem der Stürmer und Dränger mit Vorliebe die Forderung nach bürgerlicher Gleichheit und Beachtung der Menschenwürde auf der Schaubühne verkünden ließ durch Angehörige der adeligen Oberschicht. Götz von Berlichingen und Graf Egmont. Der junge Reichsgraf Karl Moor und der Baron Ferdinand von Walter. Grafen und Gräfinnen als Sprecher der bürgerlichen Emanzipation auch bei Jakob Michael Reinhold Lenz: die Reihe läßt sich mühelos fortsetzen.

Um die Jahrhundertwende hatten die Bücher und Thesen der europäischen Aufklärung auch viele junge Menschen aus dem preußischen Junkertum erfaßt. Der *Prinz Louis Ferdinand von Preußen*, ausgezeichneter Komponist und Pianist, ist damals nicht bloß ein Idol der Berliner Salons gewesen, sondern wohl auch das Symbol einer neuen geistigen Konstellation. *Theodor Fontane* hat diese Situation »Vor dem Sturm«, also vor 1806, nicht allein in seinem Roman mit diesem Titel gestaltet, sondern weit eindrucksvoller in seiner Erzählung *»Schach von Wuthenow«*, die nicht ohne Grund zum Teil im Palais des Prinzen Louis Ferdinand spielt.

Hier kam *zweierlei* zusammen, was für die künftige Kulturstadt Berlin eigentümlich werden sollte: ein Emanzipationsstreben in Kreisen des preußischen Adels, der im Laufe langer Jahrzehnte vom Aufklärertum seines bewunderten Königs viel abbekommen hatte, fand ein gleichzeitiges Gegenstück im Emanzipationsstreben wohlhabender jüdischer Kreise, denen *Moses Mendelssohn aus Dessau*, der Immanuel Kant in Königsberg besuchte und vertrauten Umgang hielt mit Lessing, die vollständige Emanzipation empfahl. Mendelssohns Tochter Dorothea war schon in den Neunziger Jahren des 18. Jahrhunderts eng befreundet mit Friedrich Schlegel und den Romantikern in Jena. Der Enkel *Felix Mendelssohn-Bartholdy*, drei Jahre nach der Schlacht bei Jena geboren, wuchs auf ohne irgendeine Konzession an jüdische Gebote oder Verbote. Die rege geistige und gesellschaftliche Gemeinschaft des jüdischen Arztes Dr. Markus Herz, eines Freundes von Kant, und seiner Frau Henriette mit dem Theologen Schleiermacher, aber auch später mit dem jungen und emanzipatorischen Frankfurter Gettojuden Ludwig Börne hat ganz neue geistige Bezugssysteme symbolisiert, die damals entstanden.

Die säkulare Bedeutung Goethes und seines Werkes ist, das läßt sich nachweisen, durch den Salon der Jüdin Rahel Levin von Berlin aus determiniert worden. Wenn sich in der Geschichte der deutschen Romantik so viele bekannte Adelsnamen finden: Hardenberg (Novalis), Arnim, Eichendorff, Fouqué, so beweist das nicht, wie Georg Lukács behauptet hat, daß die Romantische Schule in Deutschland eine reaktionäre Gegenbewegung zur europäischen Aufklärung gewesen wäre. Sie war im Gegenteil, noch bis in die ersten Jahre des Bonapartismus hinein, eine folgerichtige Weiterführung europäisch-bürgerlicher Emanzipation. Der Umschlag geschah als Folge napoleonischer Eroberungs- und Besatzungspolitik. Am Ablauf der geistigen Entwicklung *Heinrich von Kleists* läßt sich das einleuchtend demonstrieren.

Was damals in Berlin als besonderer Beitrag zur europäischen Kultur vorbereitet wurde, *hätte nirgendwo sonst in dieser Prägung erfolgen können.* Nicht in einer katholischen Umwelt, die auch in Dresden noch dominierte, wo die Dynastie katholisch war, doch über ein evangelisches Land herrschte. Das Kurfürstentum, dann Königreich Hannover war dynastisch verbunden mit Großbritannien. Ein Aufklärer wie *Lichtenberg* zu Göttingen erlebte seine entscheidenden Lehrjahre in London: zwischen Fielding und Hogarth.

Die Kulturstadt Berlin erwies sich seit ihren Anfängen im 18. Jahrhundert immer wieder als ein *Ort des Neuen.* Dieses sonderbare Amalgam aus deutsch-bürgerlicher Emanzipation, bürgerlicher Geistigkeit innerhalb der Adelswelt, jüdischer Emanzipation schließlich hätte nirgendwo sonst entstehen können. Die Auswirkungen waren einzigartig. Die protestantische Umwelt konzentrierte die kulturellen

Impulse auf Philosophie und Theologie, auf die Bücherwelt, auf den spirituellen Bereich der Partituren.

Die Anziehungskraft Berlins um das Jahr 1800 muß damals bereits ganz ungewöhnlich gewesen sein. *Friedrich Schiller*, das ist nicht zu bezweifeln, wäre, als ein gesunder Mensch, einem Ruf nach Berlin gefolgt.

Vielleicht ist es nicht übertrieben, wenn man diese singuläre Form einer neuartigen Kultur kulminieren läßt in der *Zweiheit der Brüder Wilhelm und Alexander von Humboldt*. Die von Wilhelm konzipierte *Berliner Universität* erwies sich von ihrer Gründung bis – ziemlich genau – zum Scheitern der bürgerlichen Revolution von 1848/49 für Europa als ein bis dahin ungekannter »Ort« eines neuen Forschens und Lernens. Daß Alexander von Humboldt bis heute in der Welt, vor allem Lateinamerikas, als einer der großen Deutschen verehrt wird, ist hierzulande immer noch nicht genügend verstanden worden.

Die *Berliner Universität als ein Ort des Neuen*: das war gewollt und wurde durch die ersten Berufungen ausdrücklich unterstrichen. In Jena hatte man den »Atheisten« *Johann Gottlieb Fichte* weggeekelt, auch Goethe hatte dem nicht widersprochen. Nun wird er die prägende Gestalt der neuen Humboldtischen Universität Unter den Linden. Von Fichte zu Solger zu Hegel. Von hier aus ist es zu verstehen, daß Heinrich Heine, der die Universitäten zu Göttingen und Bonn gehaßt hat und ein Leben lang nicht aufhörte, über München und die Wittelsbacher herzufallen, der später ein Todfeind des preußischen Adlers und des Dritten wie Vierten Friedrich Wilhelm werden sollte, seiner Berliner Jugendzeit immer wieder mit Dankbarkeit gedachte. Die weltgeschichtliche Bedeutung der Hegelschen Philosophie hat Heinrich Heine wahrscheinlich als einer der ersten in der Welt verkündet. Er hatte in Gesprächen mit Hegel am Kupfergraben auch bereits entdeckt, daß dieser scheinbare Staatsphilosoph der Preußen nach wie vor ein radikaler Aufklärer geblieben war, wie in der Jugendzeit seiner Freundschaft mit Hölderlin.

Nur von Berlin her ließ sich Heinrich Heines Konzeption in seiner »Geschichte der Religion und Philosophie in Deutschland« erklären, gipfelnd in der These »Lessing hat den Luther fortgesetzt«. Worauf Heine den weiteren Weg nachgezeichnet hat: von Lessing zu Kant, zu Fichte, zu Hegel. Auch während der erstickenden Reaktion und Restauration zwischen 1815 und 1848 mit Demagogen-Verfolgungen, lächerlichen Zensurmaßnahmen, Bücherverboten usw. *blieb die Berliner Universität ein Ort des Neuen*. Weitgehend auch die preußische Justiz des Kammergerichts. Der Kammergerichtsrat E. T. A. Hoffmann rettete die tapfere »Dissidentin« Helmine von Chézy (leider auch die Librettistin von Schubert und Weber) vor einem politischen Prozeß. Er selbst starb, während gegen ihn ein Verfahren lief auf Dienstenthebung.

Das Ausland scheint das richtig verstanden zu haben. Man kam nach Berlin, um dort ein neues Denken zu lernen. Als Hegels Lehrstuhl nach einem Jahrzehnt erst wieder besetzt werden konnte, berief man den seit seiner Jugendzeit arg verwandelten *Joseph Schelling* aus München. Das junge Europa erwartete sich von ihm und in Berlin eine Neufassung und Weiterführung des Hegelianismus. Die Enttäuschung war grenzenlos. In Schellings Hörsaal saßen damals, vermutlich ohne einander zu kennen oder erkannt zu haben, Jacob Burckhardt aus Basel und Sören Kierkegaard aus Kopenhagen, Friedrich Engels aus Barmen und Michail Bakunin aus St. Petersburg. Sie alle haben über Schelling und die Berliner Universität geschrieben. Gelernt aber haben sie trotz allem, jeder für sich, ein neues Denken.

Die Spannweite der Berliner Kultur muß damals, sogar in der schlimmsten Zeit zwischen 1815 und 1830, fast grenzenlos gewesen sein. Neben dem von ihm tödlich gehaßten Professor Hegel gehörte auch der Privatdozent *Schopenhauer*, Jahrgang 1788, zum Lehrkörper.

Auch die *Geschichte des Marxismus* beginnt recht eigentlich in Berlin. Den berühmten Brief des Berliner Studenten Karl Heinrich Marx an seinen Vater, den Herrn Justizrat zu Trier, hat Ernst Bloch im »Prinzip Hoffnung« mit Recht als Quintessenz eines künftigen Denkprogramms interpretiert. Studiosus Marx im Kreis der sogenannten »Berliner Freien«, den Brüdern Bauer vor allem, mit denen er sich später, durchaus zu Recht, polemisch anlegen sollte.

Freilich, lernen ließ sich die neue Kultur recht wohl in Berlin, *allein praktizieren mußte man sie anderswo* in preußischen Landen, wenn überhaupt. Karl Marx ging nach *Köln*, in seine preußisch gewordene Rheinprovinz, und wurde Mitarbeiter einer bürgerlich-liberalen »Rheinischen Zeitung«. Dann mußte er preußischen Boden verlassen, reiste nach Paris, wurde ausgewiesen, ging zusammen mit Friedrich Engels nach Brüssel. Nach Ausbruch der Revolution von 1848 findet man die beiden jedoch, zusammen mit den beiden Detmoldern Ferdinand Freiligrath und Georg Weerth, abermals in Köln: in der Redaktion einer »Neuen Rheinischen Zeitung«.

Seit 1850 ist Berlin nicht mehr, von der außerdeutschen Welt her gesehen, eine »Europäische Kulturstadt«. Dem militärischen und politischen Aufstieg Preußens *korrespondiert eine geistige Verarmung in der preußischen Hauptstadt*. Nun entfaltet sich unaufhaltsam die Hohenzollern-Legende. Ihr lautester Repräsentant, Heinrich von Treitschke, stammte aus Sachsen. Der erste Deutsche Kaiser Wilhelm I. hatte als »Kartätschenprinz« im Jahre 1849 die Ruhe und Ordnung auch in Dresden wiederhergestellt. Richard Wagner und sein Freund, der Architekt Gottfried Semper, mußten fliehen und trafen sich wieder im Züricher Exil.

Ort des Neuen wird die Kulturstadt Berlin dann noch zweimal: einmal um die Jahrhundertwende, dann nach einem ersten verlorenen Weltkrieg. Im Zeichen des *Naturalismus* um das Jahr 1890 haben sich Kunst und Literatur, im Gegensatz zum frühen 19. Jahrhundert, völlig losgemacht von der offiziellen akademischen Wissenschaft. Die Berliner Universität ist streng kaisertreu, hochmütig antisemitisch, voller Respekt vor dem Junkertum und voll Haß auf die kräftig aufstrebende Arbeiterbewegung. Ein alter Achtundvierziger wie *Theodor Mommsen* fühlte sich erschreckend isoliert. Daran änderte auch der Nobelpreis nichts, den er, demonstrativ!, im Jahre 1902 von Stockholm aus erhielt.

Kulturstadt Berlin: das ist nun bereits *undenkbar ohne die Organisation einer Gegenkultur des Proletariats*. Im Gegensatz zu den hohlen Schiller-Feiern des Jahres 1905 schreibt *Franz Mehring* eine Schiller-Biographie mit dem Untertitel »Für deutsche Arbeiter«. Die Gründung der Freien Volksbühne, gleichfalls unter Beteiligung von Mehring, die großen Bildungsorganisationen der deutschen Sozialdemokratie unter August Bebels Leitung werden musterhaft. Dazu gibt es kein Gegenstück in London oder Paris. Ein neuer Typ des Intellektuellen wird sichtbar: im Dienste der Arbeiterbewegung. Dozenten sind die polnische Jüdin Dr. Rosa Luxemburg und der Dr. phil. Franz Mehring aus Pommern, mit einer adeligen Mutter.

Auch dies hat unabsehbare Folgen gehabt für die europäische Kultur. *Europäische Kulturstadt in höchster Entfaltung wird dann das Berlin der Zwanziger Jahre*. Das ist bekannt und wurde im Jahre 1977 im Zeichen der Ausstellung des Europarats über die »Tendenzen der Zwanziger Jahre« eindrucksvoll bestätigt. Wer sich noch an die Sonntagszeitungen der damaligen Berliner Presse erinnert mit endlosen Hinweisen auf musikalische Veranstaltungen höchsten Ranges, muß traurig werden. An der Hochschule für Musik kann ein junger Komponist bei Franz Schreker in die Lehre gehen, oder bei Paul Hindemith, oder bei Arnold Schönberg. Auch die geistigen Erben der Rosa Luxemburg und Franz Mehrings sind in Berlin und am Werk. Der schweizerische Literaturkritiker Max Rychner hat beschrieben, wie er, atemlos zuhörend, damals an einem Gespräch der »drei großen Doktoren« ohne irgendein akademisches Amt teilnehmen durfte: Walter Benjamin, Ernst Bloch, Georg Lukács.

Auch hier ist das Weitere bekannt. Das Wiedersehen mit Berlin war schrecklich. Im Juni 1947 kam ich zum erstenmal, nach einer turbulenten und anstrengenden Eisenbahnfahrt – mit Stehplatz –, in Charlottenburg an. Diese abgeholzte und trümmerbedeckte Steppe, durch welche das Taxi fuhr, war also ehemals der Tiergarten?

Ein erster Kongreß deutscher Schriftsteller im Oktober dieses Jahres 1947 stimmte nicht heiter. Alle Organisation war streng aufgeteilt nach vier Sektoren. Jede Besatzungsmacht hatte offenbar den Kongreß deutscher Schriftsteller nach eigenen Direktiven interpretiert und organisiert. Daß der Kongreß zwar formal zu irgendeinem konventionellen Abschluß gebracht wurde, doch innerlich eine Dekomposition einstiger deutscher Literatur bedeutete, war unverkennbar. Auch während der Tagung selbst hatte es keine Gemeinsamkeit gegeben zwischen den Rückkehrern aus dem Exil und den Repräsentanten einer sogenannten Inneren Emigration. Meine Leiden und Deine Leiden. Immerhin saßen sie noch zusammen auf einem Podium sowohl der Kammerspiele im östlichen wie des Hebbeltheaters im westlichen Sektor.

Die organisatorische Einheit Berlins war noch unbeschädigt: trotz der Sektoren. Edwin Redslob war Präsident, wenn Friedrich Wolf oder Anna Seghers das Wort erhalten hatten. Alles zerfiel aber, bröckelte ab, strebte auseinander: das wußten wir.

In seinem rasch berühmt gewordenen Roman »Mutmaßungen über Jakob«, den *Uwe Johnson* in Leipzig und Ost-Berlin geschrieben hatte und für den er mit dem West-Berliner Fontane-Preis ausgezeichnet wurde, wird ebenso stur wie folgerichtig stets von »den *Städten Berlin*« gesprochen. Wenn das einstige Berlin immer wieder ein Ort des Neuen gewesen war seit der Mitte des 18. Jahrhunderts, freilich immer wieder auch die Fähigkeit zur kulturellen Innovation einbüßte, so bestand jetzt, traurig genug, die Novität in dieser Zweiteilung der Stadt.

Über diese beispiellose Konstellation ist viel geschrieben worden. Hier seien zwei Weltsysteme des Ostens und des Westens auf dem verhältnismäßig engen Raum einer einstigen Groß- und Weltstadt hart gegeneinander gestellt worden.

Das stimmt, und es stimmt auch wieder nicht. Unschwer wäre es möglich, bei genauer Betrachtung der kulturellen Aktivitäten diesseits und jenseits des Brandenburger Tores, *ganz überraschende Konvergenzen festzustellen*. Das widerspricht zwar einem theoretischen Konzept, das alle »ideologische Koexistenz« zwischen diesen beiden Teilen der Stadt *und der Welt* für undenkbar hält, läßt sich aber an der Praxis belegen.

Das Land West-Berlin, ein Inselstaat, kann sich als »Ort des Neuen« nur dann verstehen, wenn es mit den vorhandenen materiellen und personellen Gegebenheiten schöpferisch zu arbeiten versteht. Daß ein Ruinenfeld mit deutlichen Anzeichen fortschreitender Versteppung wieder als lebendiges Gemeinwesen aufzutreten vermag, rechtfertigt die Formel vom Ort des Neuen. Ein alt-neues West-Berlin ist *gleichzeitig* ein neuer Ort mit Namen Berlin *und* eine partielle Fortsetzung einstiger Überlieferungen.

Das kann nicht genügen: weder in der östlichen noch in der westlichen Stadt Berlin. Europäische Kulturstadt Berlin: das ist nicht zu verstehen als dankbare Würdigung eines großen Damals. Es ist weder Vergangenheit noch Gegenwart. *Es ist ein Postulat.* Keine Wirklichkeit, sondern Möglichkeit. Aber der Österreicher *Robert Musil*, der sich wohlfühlte in Berlin, hat in seinem Hauptwerk, dem »Mann ohne Eigenschaften«, die Behauptung aufgestellt: wenn es einen Wirklichkeitsmenschen gebe, so müßte auch ein Möglichkeitsmensch denkbar sein. Die Städte Berlin als ein Ort der Möglichkeit und der Möglichkeiten. Auch als ein – möglicher – Ort des Neuen. Es wird sich zu erweisen haben.

Köln: Eine Stadt, die auch ihr Gegenteil ist

Das Schlimmste über Köln hat natürlich ein Düsseldorfer gesagt. Freilich ein bedeutender Dichter, was den Fall schwierig macht.

In seinem großen Erzählgedicht »Deutschland. Ein Wintermärchen« reist *Heinrich Heine* von Paris nach Hamburg: zum Besuch seiner alten Mutter. Erste Begegnung in Aachen mit dem verhaßten preußischen Adler. Dann geht es weiter nach Köln. Hier wird übernachtet, gegessen und getrunken, geträumt, gehaßt, und ein Gespräch geführt mit dem Vater Rhein, der bekanntlich auch dem Düsseldorfer lieb und teuer ist. Ganze vier von den insgesamt siebenundzwanzig Kapiteln des poetischen Reisebildes sind der Auseinandersetzung mit der berühmten Domstadt gewidmet. Das beginnt so:

> Zu Cöllen kam ich spät Abends an,
> Da hörte ich rauschen den Rheinfluss,
> Da fächelte mich schon deutsche Luft,
> Da fühlte ich ihren Einfluss –
> Auf meinen Appetit.

Und so weiter. Nur hier am Rhein nicht gefühlvoll werden! Die Rede ist von Eierkuchen mit Schinken und vom Rheinwein. Ein kleiner Verdauungsspaziergang, und nun ist Heine beim Thema. Die Domruine, und überhaupt. Die Dunkelmänner und die Humanisten. Der Dom als Inbegriff der Reaktion und der klerikalen Bevormundung. Gottlob sei Luther gekommen, stellt der Reisende fest, und habe den Weiterbau des Doms verhindert. »Seit jenem Tage blieb der Bau / Des Domes unterbrochen ...«

Das ist zwar historisch absolut falsch, und der kluge Heine weiß es auch: allein es paßt in die geistige Konstellation, auf die er hinaus will. Köln als totaler Gegenbegriff zur deutschen Aufklärung. Die Antithese zu Luther, zu Lessing, zu Kant und Hegel, zu Heinrich Heine. Die Domstadt am Rhein als kristallisierte europäische Gegenaufklärung.

Dummheit und Bosheit buhlten hier
Gleich Hunden auf freier Gasse;
Die Enkelbrut erkennt man noch heut
An ihrem Glaubenshasse. –

Wie gesagt: Schlimmeres wurde niemals über Köln gesagt und geschrieben. Das Verdikt eines großen Dichters. Etwas davon wird auch heute noch immer wieder nachgeredet, wenn von der Stadt Konrad Adenauers (und Heinrich Bölls) die Rede ist.

Allein der zornige Dichter wurde bereits zu Lebzeiten durch den Geschichtsverlauf widerlegt. Auch darin übrigens, was Heine nicht mehr erleben sollte, daß der Kölner Dom trotzdem vollendet wurde. Entgegen der zornigen Voraussage im »Wintermärchen«:

Er wird nicht vollendet, trotz allem Geschrei
Der Raben und der Eulen,
Die, altertümlich gesinnt, so gern
In hohen Kirchtürmen weilen.

Abermals der Dom als Bastille (der Ausdruck kommt vor!) der geistigen Unfreiheit. Der Dom gleich Köln. Ein für allemal.

Das »Wintermärchen« entstand gleich nach Heines Rückkehr aus Hamburg, also seit dem Dezember 1843. Zur selben Zeit, im Dezember, lernte Heine in Paris den deutschen Emigranten *Dr. Karl Marx* kennen. Marx gibt zusammen mit Friedrich Engels und anderen Freunden eine scharf antipreußische Zeitschrift »Vorwärts« heraus. Er hatte vor der Emigration in Köln an der »Rheinischen Zeitung« als Redakteur gearbeitet. Jetzt tauscht er politische und literarische Erfahrungen aus mit dem bewunderten Dichter. In seinem Pariser »Vorwärts« veröffentlicht Marx im Herbst 1844 zuerst Heines Neue Gedichte zusammen mit dem »Wintermärchen«. Dann kommt es im Oktober/November auch noch zu einer gesonderten Publikation des Deutschland-Gedichts. Zur selben Zeit bringt Campe in Hamburg auch die Ausgabe für Deutschland. Dann hat Heine keinen Neudruck seines großen Gedichts mehr erleben können.

Was sich hier wie ein Exkurs zur deutschen Geistesgeschichte ausnimmt, mit Heine und Marx immerhin!, hat unmittelbar mit Köln zu tun, und mit Heines falschem Urteil.

Karl Marx nämlich kannte Köln und die Kölner besser als Heinrich Heine. Er hatte hier gelebt und gearbeitet. Und so nimmt es sich wie eine Widerlegung der Heine-Invektiven aus, wenn Marx fünf Jahre nach dem Erstdruck des »Wintermärchens« *in Köln* wiederzufinden ist: als Chefredakteur einer »Neuen Rheinischen Zeitung«. Mitredakteure sind Friedrich Engels, die beiden Dichter aus Detmold: Ferdinand Freiligrath und Georg Weerth und der Schlesier Wilhelm Wolf. Der schrieb die Geschichte des schlesischen Weberaufstandes von 1844. Die spätere Quelle für die »Weber« von Gerhart Hauptmann.

»Neue Rheinische Zeitung«: die glanzvollste publizistische Interpretation der europäischen Revolution und Gegenrevolution von 1848/49. Herausgegeben bis zum unvermeidlichen Verbot in Köln: einer Stadt, mit Heine zu reden, der Dummheit und der Bosheit. Wie ging das zu? Hatte der meisterhafte Analytiker Marx mitsamt seinen erlauchten Mitredakteuren den Ort und dessen Bewohner mißverstanden?

Marx irrte sich nicht. Er hatte die erstaunliche Dialektik seines Wirkungsortes begriffen. Eben dies hatte Heine nicht gesehen, oder nicht sehen wollen. *In Köln gab es beides:* den von Heine verspotteten Dreikönigsschrein *und* die Neue Rheinische Zeitung mit dem Chefredakteur Marx.

Ein Kölner darf auch von sich sprechen aus solchem Anlaß: in der ersten Person. Ich habe als Schüler in den zwanziger Jahren die berühmte Ausstellung zur Jahrtausendfeier der Rheinlande auf dem rechtsrheinischen Messegelände mehrfach besucht. Schon um die Gastkonzerte mit den berühmten Orchestern aus Wien, Berlin oder Amsterdam nicht zu versäumen. Mit Furtwängler und Mengelberg und Bruno Walter. In meiner Erinnerung blieb beides, da täusche ich mich nicht: die Herrlichkeit des Dreikönigsschreins *und* ein überaus seltenes Exemplar der Abschiedsnummer der Neuen Rheinischen Zeitung: In roten Lettern gedruckt, und mit dem ergreifenden Abschieds- und Wiederkehr-Gedicht von Ferdinand Freiligrath.

Köln ist immer beides gewesen: These wie Antithese, mit Hegel und Marx zu sprechen. Auch Heine war ein Schüler des Philosophen Hegel aus Stuttgart. Folglich hätte er Köln und die Kölner weniger simplistisch beurteilen sollen.

Eine sonderbare Stadt, man wird schwer mit ihr »fertig«. Natürlich stimmt vieles von dem, was Heine gegen sie auf dem Domplatz in die Nacht hinausschrie. Das bezeugen die berühmten Epistolae obscurorum virorum, also die *Dunkelmännerbriefe*, abgefaßt in einem absichtlich schauderhaften Mönchslatein. Verfaßt zuerst von gelehrten Humanisten zu Erfurt, seit der zweiten Auflage unter Mitarbeit eines *Ulrich von Hutten*, wurden sie an einen obersten Dunkelmann zu Köln gerichtet: an Hochwürden Ortvinus Gratius. Der hochgebildete Kölner *Heinrich Böll* kannte das natürlich. Bölls satirische »Berichte zur Gesinnungslage der Nation« aus dem Jahre 1975 sind eine bewußte Paraphrase der Dunkelmännerbriefe aus dem frühen 16. Jahrhundert. Auch bei Böll ein Kompendium von unbedarften Geheimdienstberichten und privaten Denunziationen. Geschrieben in einer völlig sterilen Spitzelsprache. Rotgimpel schreibt an Rotkopfwürger. Ackergaul an Stallmeister und so weiter. Ein Geheimbericht am Schluß, man ist mitten in den Vorbereitungen zu einer »Wende», schlägt vor: »Als Vorergebnis etwa der Erfassungsgruppe Lektüregesinnung kann eine Erfassung der Sartresympathisanten bereits mit eingereicht werden.«

Immer wieder ist beides gerade hier und gleichzeitig möglich. Die Dunkelmänner *und* die spöttisch gegen ihr Tun gerichteten Dunkelmännerbriefe. Karl Marx und die Seinen, denen man später, nach der gescheiterten Revolution, einen »Kölner Kommunistenprozeß« machen wird. Die Machenschaften preußischer Militärs nach dem Sturz Napoleons *und* die Proteste einer tapferen Frau, Helmine von Chézy, übrigens einer Librettistin Carl Maria von Webers und Franz Schuberts. Man will einen politischen Prozeß gegen die Chézy, die sich der französischen Kriegsgefangenen annahm. In Berlin aber sitzt ein Kammergerichtsrat, der reißt sie heraus: E. T. A. Hoffmann. Der Hoffmann aus »Hoffmanns Erzählungen« von Jacques Offenbach, dem Sohn eines jüdischen Kantors aus der Kölner Glockengasse.

Man sieht: wo man einen Zipfel der Kölner Wirklichkeit zu fassen kriegt, hat man auch schon ihr Gegenteil mitgepackt. Auch der Kölner Kommunistenprozeß gegen die Marxianer wird natürlich eine Pleite. Heinrich Böll gleichzeitig als Nestbeschmutzer und als Ehrenbürger. Seine Dankrede als ein solcher, feierlich und sehr lustig, im Historischen Rathaus, war abermals beides: spöttisch und sehr herzlich. Heinrich Böll war ein frommer Mann, und einer, der sich über den Bischof ärgerte, und der den Bischof ärgerte. Da soll sich ein Nichtkölner auskennen ...

Alle Klischees und Erwartungshaltungen selbst der zünftigen Historiker werden widerlegt durch die lange Kölner Stadtgeschichte. Da hierzu das Jahr 1988 zwei sonderbare Jubiläumsfeiern beizusteuern hat, sei gerade auf sie eingegangen, auch wenn die *Schlacht bei Worringen* am 5. Juni 1288 stattfand, also vor 700 Jahren, und die *Kölner Universitätsgründung* genau ein Jahrhundert später (1388).

Eine Ritterschlacht bei Worringen, zwischen Köln und Neuss. Ein Adelsmann Siegfried von Westerburg, der tapfer mitkämpfte und in Gefangenschaft seiner Gegner geriet. Ein Ritter am Ausgang der Ritterzeit, und zugleich Erzbischof der berühmten und mächtigen Kölner Diözese. Seit den Staufern zuständig als Kurfürst für die italienischen Reichsteile. Nun ein Besiegter und Gefangener. Zu Worringen hatte er eine Zwingburg gegen die rebellischen Kölner errichten wollen. Sie wurde von den Siegern, nämlich dem eigentlich kriegführenden Herzog von Brabant und den Kölner Bürgern und Bauern geschleift. Ganz wie bald darauf, am Vierwaldstätter See, das Zwing-Uri der österreichischen Vögte. Heine hätte auch hier von einer Bastille gesprochen.

Seitdem gab es beides zugleich: Erzdiözese *und* die Freie Reichsstadt, obwohl diese von reichswegen erst im Jahre 1475 besiegelt wurde. Köln als Freie Reichsstadt und auch Hansestadt. Der Erzbischof mußte in Bonn oder später in Balthasar Neumanns Schloßbau zu Brühl residieren. Davon hat die Bundeshauptstadt nach wie vor Gewinn: von der Schlacht bei Worringen.

Das Palais des Erzbischofs in der Stadt Köln lag bis zum Zweiten Weltkrieg als ein nach außen hin unscheinbarer Bau an der Straße zwischen der Kirche des heiligen Gereon und dem Dom. Doch wenn der geistliche Hirte die Stadt betrat, mußte er lange Zeit noch die städtischen Privilegien bei seinem Einzug von neuem bekräftigen.

Worringen hat bis heute Spuren hinterlassen. Wenn am Rosenmontag drei beleibte ältere Herren, wie es neuerdings der Brauch ist, mit der Behauptung: sie seien der Prinz Karneval, der Kölsche Boor und die liebliche Kölner Jungfrau, den Festsaal betreten, so gemahnen Bauer und Jungfrau nach wie vor an den Sieg der Bürger bei Worringen. Eine Darstellung von 1660 läßt den Kölner Bauer mit den Stadtschlüsseln also sprechen:

Vor Worringen auf dem weiten plan
Lies ich mein Flegel umbher gahn.
Erwarb damit die Schlüssel fein
Und trag sie noch am armen mein.

In der Stadtgeschichte von Welters und Lobeck wird auch noch die Kölner Jungfrau zitiert, die den Cölnisch man gemahnt, wachsam zu sein: »Das ich einware jungfraw bleib.« Weshalb die Jungfrau im Rosenmontagszug männlichen Geschlechts sein muß: nicht aus Travestie, sondern aus Sittsamkeit.

Die Kölner Universität war folgerichtigerweise eine *Bürgeruniversität* seit Anbeginn. Sie trug nicht den fürstlichen Namen eines Georg oder Eberhard oder Friedrich Wilhelm. Napoleon wollte sie nicht mehr, diese Universität. Die Preußen ebensowenig. Sie entschieden sich, wie einst die geistlichen Kurfürsten, für Bonn. Dort wurde nach den Befreiungskriegen die Friedrich-Wilhelm-Universität begründet. Köln ging immer wieder leer aus. Technische Hochschule im 19. Jahrhundert? Freilich. Aber in Aachen. Die Neugründung der »Universität zu Köln« nach einem Ersten Weltkrieg, das Werk Adenauers, war städtisch auf lange Zeit hin. Die Zuständigkeit des preußischen Kultusministeriums hielt sich in Grenzen: schon aus Geldgründen.

Einen grotesken Widerspruch zum historischen Klischee markierten die Kölner Bürger, Patrizier wie Handwerker wie Bauern, *im Zeichen der Reformation Martin Luthers*. Freie Reichs- und Hansestadt Köln: die wird sich natürlich der Reformation anschließen. So wie die Hanseaten in Norddeutschland, wie die mächtigen Städte Frankfurt, Nürnberg und Augsburg. Der Erzbischof wird abermals ohnmächtig dem ketzerischen Treiben zusehen müssen. Wie Heine vermutet hatte: seit Luther ist es zu Ende mit dem Dombau ...

Ganz im Gegenteil. *Alles wird umgekehrt.* Zweimal versuchten die Kölner Erzbischöfe im 16. Jahrhundert (Hermann von Wied und Gebhard Truchsess von Waldburg), das geistliche Kurfürstentum zu säkularisieren und weltliche Herrscher zu werden. Zweimal wandten sich die Kölner an Kaiser und Papst. Exkommunizierung der Eminenzen. Der Waldburger eroberte und zerstörte das rechtsrheinische Deutz. Die Kölner blieben in ihren festen Stadtmauern. Aber die Reichsstadt blieb katholisch. Luther konnte kein Machtwort sprechen.

Köln war und blieb im Wortsinne römisch und katholisch. Die Jesuiten waren früh zur Stelle, aber auch als Lehrer und Erzieher. Der Große Katechismus des Petrus Canisius aus Nimwegen ging von Köln aus in die Welt.

Neuer Widerspruch zum Geschichtsklischee. Das katholisch gebliebene Köln, eine reiche Handelsstadt, hätte durch Intoleranz glänzen müssen. Getreu dem spanischen Beispiel Philipps II. und seiner spanisch-habsburgischen Nachfolger. Abermals gefehlt: *Köln wurde zu einer Stadt des Asyls.* Man nahm sie gern auf, die Flüchtlinge aus den Niederlanden. Die Vondel-Straße oder die Rubens-Straße erinnern an erlauchte Asylanten. Peter Paul Rubens verlebte hier seine Jugendzeit. Sein Vater liegt in Sankt Peter begraben. Im Auftrag eines Kölner Bürgers malte Rubens seine Kreuzigung Petri.

Hinter allen Widersprüchen einer Stadt, die stets auch dem eigenen Widerspiel zuneigt, steht vermutlich die Geld- und Finanzmacht der rheinischen Metropole. Handelskapital zunächst, später im 19. Jahrhundert und im Gefolge der Industrialisierung auch das moderne Finanzkapital. Die alten Kölner Bürgergeschlechter blieben seßhaft und mächtig bei allen sozialen Wandlungen. Sie brauchten weder das Kapital der Calvinisten noch der Juden. Jüdisches Kapital, etwa der Bank Oppenheim, oder jüdische Partnerschaft von Louis Hagen während der Weimarer Republik verwandelten sich nicht in gesellschaftliche Macht: wie etwa in Frankfurt oder Berlin. Die »Kölnische« war anders strukturiert als die »Frankfurter Zeitung«.

So gab es zwar seit den Kreuzzügen keine Pogrome mehr zu Köln am Rhein, aber es wurden auch wenig Beispiele bekannt, daß sich Kölner bemüht hätten, nach 1933, das Schicksal der Kölner Juden wenigstens in einzelnen

Fällen abzuwenden. Köln war nicht Amsterdam.

Die coincidentia oppositorum, nach der Formel des Nicolaus Cusanus, der von der Mosel kam, also die Gleichzeitigkeit der Gegensätze, ist immer das Kölner Lebensgesetz gewesen. Am 6. Mai 1849, also zur selben Zeit, da der spätere deutsche Kaiser Wilhelm als Kartätschenprinz den Aufstand zu Dresden niederwarf, sprach Dr. Karl Marx im Gürzenich über die gescheiterte Revolution und ihre Folgen. Eine ihrer Folgen wurde ungefähr am gleichen Tag und am gleichen Ort begründet. In der Kolumbaschule organisierte *Adolf Kolping* den Katholischen Verein der Handwerksgesellen. Marx und Kolping: sozialistische und christliche Arbeiterbewegung. Das Kommunistische Manifest und die späteren Enzykliken.

Wer Köln nicht gesehen hat mit seinen Trümmern vom Jahre 1945, wird nicht verstehen können, daß es vermutlich die durchaus gegensätzlichen und widerspruchsvollen Elemente waren, die so gewaltige Kräfte des Neubeginns freisetzen konnten. Statt einer Flucht aus dem Nichts und Niemandsland erlebte man die Leidenschaft eines Heimkehrwillens. Den Ausschlag gab das plebejische und nach wie vor bäuerliche Element des Vorgebirges und des

Niederrheins. Dorther kam auch das Moment der *süßen Anarchie*, einer fundamentalen Aufsässigkeit, die es offenbar immer wieder gegeben hat. Ganz im Gegensatz zu Heines Verdikt. Man hat evangelische Prediger als Ketzer verbrannt im September 1529, aber die Klarenbach-Straße und die Peter-von-Fliesteden-Straße bewahrten ihre Namen auf. Da soll man sich auskennen.

Die Kölner, die Bewohner also einer Stadt, welche durch lange Jahrhunderte ihr Erscheinungsbild so bewahren konnte, wie es Hans Memling auf dem Ursulinenschrein zu Brügge abgemalt hat, bis alles schließlich so fürchterlich zerstört wurde: wie soll man sie beschreiben? Einer hat behauptet – war es nicht überhaupt Kurt Tucholsky? –, man erkenne den Kölner sogleich an seiner Lieblingswendung: »Ich komm mal wieder vorbei ...«

Das deutet auf Gleichgültigkeit. Unverbindliche Redensart, die zu nichts verpflichtet. Allein mit solchen witzigen Floskeln läßt sich der komplizierte Menschentyp dieser Stadtbewohner nicht erklären. Schwerblütige Grübler waren die Kölner freilich nicht. Mystiker wie Jakob Böhme oder Ernst Barlach hätten kaum zu Köln gepaßt. Der kölnische Katholizismus war meistens scholastisch, nicht mystisch.

Andererseits gibt es in der Geschichte der Kölner, vor allem auch in den Katastrophen des Zwanzigsten Jahrhunderts, unzählige Beispiele einer tätigen Barmherzigkeit, nicht eines unverbindlichen »Mitleids«. Das gesprochene Kölsch klingt gutmütig, nicht überaus ernst. Es hat nichts an sich von der spitzen Strenge manches norddeutschen Idioms. Auch das eifernde Schnellsprechen der Sachsen ist dem Kölner befremdlich. Hier geht es langsam zu. Wozu die Eile... Die angebliche Stadt der Dunkelmänner war von jeher jeglichem »Eifer« abhold. Der Dr. Robert Ley wurde so lange hier nicht ernstgenommen, bis man ihn ernstnehmen mußte.

Irgend etwas Kindliches liegt über allem, was sie tun oder treiben: die Kölner. Was heißen soll: alles ist insgeheim gar nicht so ernst gemeint. Auch die Überschwemmungen werden, manchmal sogar von den Betroffenen, wie ein Schauspiel genossen. Als Kind war ich begeistert beim Anblick des Hochwassers. Die Erwachsenen desgleichen.

Womit man beim *»Kölner Klüngel«* angelangt wäre. Natürlich gibt es den, und wie. Dennoch unterscheidet er sich in eigentümlicher Weise von dem, was auch anderswo allenthalben vorhanden war und ist: als Vetterleswirtschaft, als Filz, als Spezitum. In Rom nannte man das »Nepotismus«, nach den Neffen der Päpste. Das Besondere am Klüngel ist zuerst einmal durch eine jahrhundertlange innerstädtische Verbundenheit der großen alten Familie zu erklären. Man war sich selbst genug, innerhalb der Stadtmauern.

Andererseits war eine Stadt, die Grenzland bedeutete, und die ihren Erzbischof in die Schranken wies, stets bedroht, so daß man zusammenhalten mußte. Erst recht, als die Entdeckung Amerikas zu einer Umschichtung damaliger Weltwirtschaft führte. Die Kölner wollten keine »Tote Stadt« werden, wie das einst so mächtige Brügge.

Da man bedroht war von evangelischen Nachbarn (das heutige Köln-Mülheim war evangelisch!), brauchte man die Verbindung zu den katholischen Mächten in Frankreich und in Italien. Französische und italienische Familiennamen in der städtischen Oberschicht zeugen davon.

Trotzdem gab es in Köln seit Ausgang des Mittelalters keine patrizisch-aristokratische Polarisierung. Keine Tragödien wie in »Romeo und Julia«. Keine Orsinis und Colonnas nach dem römischen Muster. Ebensowenig wie die Hegemonie einer einzigen Familie. Also keine Medici. Keine Thurn und Taxis oder Fugger. Auch keine Rothschilds.

Mit gutem Grund, denn die Kölner Patrizier hatten es stets mit sehr bewußten und mächtigen *Plebejern* zu tun. Der Hafen, die Schiffahrt, der Handel (und auch der Schmuggel!) im Grenzland, das bäuerliche Umfeld mit Bickendorf und Ossendorf, das ich noch in meiner Kindheit als kaum versehrt erlebt habe: alles mahnte die Zünfte und die Stadtgeschlechter zur Vorsicht. Der Kölsche Boor im Rosenmontagszug war keine freundliche Kunstfigur.

Die Folge war, wenn ich es richtig sehe, daß der große Besitz nicht prunkvoll und selbstbewußt vorgeführt werden durfte. Das patrizische »Stadtpalais« galt als unerwünscht. Auch im 19. und 20. Jahrhundert begnügte man sich mit schönen Villen in Lindenthal und später an der Marienburg. Protzige Automarken, das habe ich noch erlebt in den Zwanziger Jahren, bewirkten Skepsis an der Kölner Börse.

Auch hier ein »Umsomehr«: um so mehr, als die plebejische Aufsässigkeit, zur Zeit von Karl Marx bereits mit proletarischem Klassenbewußtsein auftretend, dafür sorgte, daß das soziale »Gleichgewicht« nicht brutal von der Seite des »Klüngels« beseitigt werden konnte. Der Oberbürgermeister Konrad Adenauer regierte bis zum Jahre 1933 im wesentlichen mit einer »*Großen Koalition*«.

So wurde der Kölner zum Bewohner einer eigentümlich *demokratischen Stadt*. Von hier aus muß man die spezifische Größe von *Heinrich Böll* verstehen. Er ist gleichsam ein idealtypischer Kölner, und er konnte eben dadurch mit seinem Schreiben hinauswirken in die Welt. Als ein barmherziger Dichter und als ein Demokrat.

Tünnes und Schäl sind Plebejer, was keine Schande sein kann in einer Römerstadt. Meinetwegen Kleinbürger. Ihre Logik gehört zur heimlichen Anarchie und Aufsässigkeit, ganz wie die Logik eines Karl Valentin in München. Sie ist immer »unvernünftig«: eine Logik für den Privatgebrauch. Das bleibt konstant bis heute. Im Zeitalter des Massentourismus unterhalten sich Tünnes und Schäl über die afrikanische Safari des Toni. Schäl, der übrigens nicht schielt, sondern einen Brillenträger bezeichnet, will wissen, wieviel Löwen der Freund geschossen habe. Keinen. Aber Tünnes erläutert: »Keiner ist bei ner Safari auch schon was!« Das ist eine metaphysische Antwort. Man kann sie nicht ausloten.

Es ist auch die Logik der »Bläck Fööss« und des großen *Willi Ostermann*. Der ist ein richtiger Volksdichter gewesen. Spielt man seine Platten und liest man seine Karnevalstexte, so wird plötzlich offenbar: Bei Willi Ostermann gibt es beides genau, das Klischee von Köln *und* sein dunkles Gegenteil. Einmal die hochdeutschen Lieder, die er schrieb für den Karnevalskonsum, mit dem ganz unkölnischen Angeberton: »Ober, schnell noch eine Runde her...« Dann aber die herrlichen Dialektgedichte, die sämtlich unter kleinen Leuten spielen, bisweilen unter dem »Gesocks«. Tragikomödien die Fülle. Keine Abschiedspathetik einer Liebesaffäre. Bloß: »Nä, ich mag dich nit mie.« In meinem Geburtsjahr 1907 debütierte Ostermann, ich habe ihn noch gekannt, mit der Geschichte der Frau Schmitz, die ihrem Mann durchbrennt. Dröhnende Heiterkeit des Verlassenen! Dergleichen gibt es sonst wohl nur bei Wilhelm Busch.

Ist der Kölner ein Deutscher? Ja, natürlich. Ist er ein »Rheinländer«? Das ist schon weniger leicht zu beantworten. Sympathie für die preußische Rheinprovinz, deren Oberpräsidium wohlweislich nach Koblenz gelegt wurde, war in Köln nicht besonders stark entwickelt. Das Karnevalslied vom »treuen Husar« ist insgeheim aufsässig, ganz wie die Schutzmannslieder. Der Kölner ist vor allem

Kölner. Diese besondere Liebe zu seiner Stadt mit all ihrem Glück und Unglück hat das fast Unglaubhafte möglich gemacht: das Überleben nach 1945. Wer durch die Trümmer stieg und plötzlich vor dem wohlerhaltenen Straßenschild »Hohe Straße« stand, kann es beurteilen. Das heutige Köln ist nicht bloß ein Erzeugnis von viel Arbeit, investiertem Kapital und Reißbrettplanung. Es war einfach Liebe. Zurück zu Fuß in die Trümmer. Das Nachdenken kommt später. So ist es wohl gewesen.

Inzwischen ist beides wieder vorhanden: das Klischee und sein Gegenteil. Aber auch der Dreikönigsschrein und der Geist der »Neuen Rheinischen Zeitung«.

Wiedersehen mit Leipzig

Hätte ich sie ablehnen sollen, die Einladung nach Leipzig? Dafür gab es keinen Grund. Bald fünfundzwanzig Jahre liegen zwischen der Abwendung und der Rückkehr. Ein Fünfziger reiste damals, im Sommer 1963, in die Ferien: Tagung der Studentenbühnen in Erlangen, Besuch der Bayreuther Festspiele als Gast der Brüder Wagner. Das Ausreisevisum läuft am 1. September ab. Zwei Koffer. Mit dem Zug von Leipzig nach Hof. Dort wartet der westdeutsche Verleger. Er weiß Bescheid. Sonst wurden wenige nur ins Vertrauen gezogen. Sie haben dichtgehalten. Jetzt kehrt ein Achtziger zurück. Geburtstagsmonat März. Demnächst werde ich einundachtzig. War es ein Fehler, die verlorene Zeit suchen zu wollen?

Ein Republikflüchtling kommt auf Besuch. So wird man es wohl nennen müssen. Verbrecher war man schon lange nicht mehr. Es gab die Amnestie. An Winken fehlte es nicht: man solle doch mal wiederkommen. Zum Beispiel zu einer interessanten Opernpremiere. In Leipzig bereitet Joachim Herz, den man kennt und schätzt, zusammen mit dem westdeutschen Bühnenbildner Rudolf Heinrich, der so früh sterben sollte, den »Ring der Nibelungen« vor. Das solle man sich anschauen. Das Visum würde ohne weiteres bewilligt.

Damals wurde immer wieder geantwortet, weil man es sich so vorgenommen hatte: Es ist viel geschehen, auch Schlimmes, nachdem man drüben geblieben war. Das vergißt sich nicht. Da war die Habe abtransportiert worden. Dümmliche Witze über den Ausreißer. Mancher hatte es immer schon gewußt.

Nun also eine Theaterkarte und ein Platz im Parkett? »Schau mal, da sitzt er ja!« So billig ließ sich das nicht abrechnen. Man mußte mich einladen, nicht bloß zum Besuch, sondern als Redner auf irgendeiner mehr oder weniger öffentlichen Veranstaltung. Eine solche Einladung würde man annehmen. Ja, also das ...

Es brauchte Zeit und Wandel. Dann wurde ich im Herbst 1986 zu einem Vortrag eingeladen in den Konrad-Wolf-Saal der Akademie der Künste der DDR. Stephan Hermlin hielt eine Begrüßungsrede, die nichts beschönigte: weder die Abwanderung noch ihre kulturpolitischen Ursachen. Der Gast aus dem Westen, Nationalpreisträger des Jahres 1955, sprach zum 50. Todestag von Karl Kraus. »Nachdenken über den Großen Nörgler.« Es wurde verstanden, warum gerade dies Thema vorgeschlagen und akzeptiert worden war. Sachlich hatte es zuzugehen an diesem Nachmittag in der Hauptstadt der Deutschen Demokratischen Republik. Keine Wiedersehensfreude, kein Gezeter. Beide Reden wurden gedruckt in der einstmals von Johannes R. Becher begründeten und bis 1962 von Peter Huchel redigierten Zeitschrift »Sinn und Form«. Bald darauf publizierte die ungarische Zeitschrift für Weltliteratur (Nagyvilág) die Reden. Es gab den Wandel.

Der Verlag Philipp Reclam jun. zu Leipzig meldete sich und wollte eine Buchlizenz erwerben. Vielleicht das kleine Buch »Goethe. Ein Versuch über den Erfolg«? Das mochte ich gern. Es war weitgehend in den Ferien des Sommers 1972 geschrieben worden. Die letzten Seiten entstanden im Engadin, in Friedrich Nietzsches Champagnerluft. Man merkt es ihnen an. Das also wurde vorgeschlagen und angenommen. Zum Jahresbeginn 1988 war die Leipziger Ausgabe fertig. »Wollen Sie nicht nach Leipzig kommen und das Buch vorstellen? Verbunden mit einer Vorlesung aus Ihren Erinnerungen?«

So kam es zustande. Alles wurde leicht gemacht. So war es schon im Herbst 1986 zugegangen bei der Vorbereitung des Besuchs in der »anderen« Akademie zu Berlin. Man schien sich auf den Besuch und den Besucher zu freuen. Nein, da war keine Verweigerung möglich.

Zu Beginn des zweiten Bandes der Erinnerungen »Ein Deutscher auf Widerruf« wird die Autofahrt von Berlin nach Leipzig geschildert: Sogar als Erinnerung, denn die Übersiedlung nach Leipzig, gleichzusetzen dem Antritt der Leipziger Professur im Oktober 1948, mußte bereits konfrontiert werden mit der eigentlichen Reisepremiere im Oktober 1947. Damals sah man sie zum erstenmal, die berühmte Universitätsstadt und Bücherstadt und Musikstadt. Die Philosophische Fakultät hatte das Buch »Georg Büchner und seine Zeit« als Habilitationsleistung anerkannt, wünschte aber die Bekanntschaft mit dem in Aussicht genommenen künftigen Professor. Er solle, bitteschön, drei öffentliche Vorlesungen halten. Da Weltliteratur und vergleichende Literaturgeschichte gewünscht wurden, sprach der Gast aus Frankfurt am Main, aus der amerikanischen Zone, über französische Literatur und Kulturpolitik zwischen 1919 und 1939. Zwischen zwei Weltkriegen. Dann war ich mit einem leidlich funktionierenden »Westwagen« an den Main zurückgekehrt. Das Berufungsverfahren kam in Gang.

Oktober 1948. Kriegsmäßige Ankunft: unter den Bedingungen des Kalten Krieges. Keine Eisenbahnverbindung zwischen Deutschland West und Deutschland Ost. Kein Grenzverkehr mit dem Auto. Mir hatten amerikanische Freunde geholfen. Eine Militärmaschine landete in Tempelhof. Dort wartete ein Auto, das mich nach Leipzig bringen sollte. Schon damals eine Reise als Wiederholung. Man erblickt das bereits Bekannte, schaut nicht, sondern reflektiert. Auch die frühere Reise.

Am 2. März 1988 reflektierte ich, bei eifrigem Schauen, das Veränderte, alle einstigen Reflexionen während einer Fahrt, die immer noch auf der Autobahn von Brandenburg nach Sachsen führen mußte. Divergierende Landschaften und oft feindlich entgegengesetzte Staatsgebilde. Wenn Weltgeschichte fällig war, wie bei Friedrich von Preußen, dann bei der Leipziger Völkerschlacht. Allein die Deutsche Demokratische Republik war kein Bundesstaat. Sachsen oder Brandenburg, Thüringen und Mecklenburg gab es nicht mehr. Ein neuer Einheitsstaat mit einer Hauptstadt, die bloß Teil war des ehemaligen Weltstadt-Territoriums.

Nun also: Reflexion der Reflexion. Das ist nicht möglich ohne ein Vergleichen: damals und jetzt. Beispielsweise beim Grenzübergang, der zu absolvieren war mitten in Berlin: beim Übergang von einem Staat zum anderen. Das hatte ich bisher nicht »gehabt« in der Lebensschule. Uwe Johnson sprach, sehr mit Recht, stets von den »Städten Berlin«. Als ich wegging, gab es die Mauer bereits seit zwei Jahren. Ich hatte sie jedoch als solche nicht wirklich erlebt, mehr metaphorisch: obwohl auch ich nach dem 13. August 1961 ein paarmal von einem Staat, damals noch meinem im Osten, in den anderen zu reisen hatte. Die endgültige Reise, die Abwanderung im Juli 1963, geschah wirklich als Grenzübergang. Im Zug wurde kontrolliert, dann fuhr man weiter und war »im Westen«. Oder der Treppenaufgang im S-Bahnhof Friedrichstraße. Dann lag die Mauer irgendwo da unten.

Zum erstenmal durfte ich durchschlüpfen im Oktober 1986. Der Ostwagen vor dem Westberliner Hotel. Die Fahrt zum vorgeschriebenen, einzig diskutablen Kontrollpunkt. Das Visum hatten jene mitgebracht, die mich abholten und wieder auf dem Rückweg abliefern würden. Es dauerte. Keine Komplikationen, immerhin aber drei Durchgänge. Ich mußte auch irgendetwas ausfüllen, was noch fehlte. Genau so am Abend, nach dem Vortrag in der Akademie und dem ausgiebigen Gespräch an der Kaffeetafel der Akademie. Ich war kühl geblieben, eher neugierig. Meine Begleiter wirkten mühsam heiter. Da durfte nichts passieren. Es ging alles in Ordnung.

Diesmal näherten wir uns, der Leipziger Verleger und ich, der Mauer irgendwo im Berliner Osten. Plötzlich war da der andere Staat. Und diesmal war leider nichts in Ordnung. Wir standen vor dem falschen Kontrollpunkt. Hier war der Verleger am Morgen ohne Bedenken durchgelassen worden, denn es war ein Kontrollpunkt für Bewohner der DDR und wohl auch für Westberliner. Ich hingegen war Bundesbürger. Die durften hier nicht...

Ich saß angeschnallt vorne neben dem Fahrer und kümmerte mich um nichts. Wenn ich mich einmische, geht alles schief. Der Verleger wurde herausgebeten. Eine Frau in Offiziersuniform. Man tuschelte, beriet sich. Dann wurde eine Ausnahme gemacht. Wir durften fahren. Das war schön, denn ich hatte mit einer Abweisung gerechnet, mein Gastgeber kannte sich nicht besonders gut aus in Berlin. Wo ist er nun, der einzig richtige Kontrollpunkt? Tamino in der »Zauberflöte« klopft zweimal vergeblich an vor der verschlossenen Tür. »Auch hier ruft man: Zurück!« Dann freilich kommt, beim dritten Mal, der weise Sprecher zu einer ersten Unterweisung des unerfahrenen Königssohns.

So war es also nicht. Die Dreizahl der »Zauberflöte« hingegen wurde auch hier respektiert. Drei Durchgänge, und jeder hatte irgend etwas zu bedeuten, was ich nicht verstand. Feuer- und Wasserprobe vielleicht... Dann befand man sich auf dem Wege zu Flughafen Schönefeld, den ich gut kannte. Von dort waren wir aufgebrochen, die jungen Germanisten der DDR, im August 1955, zur Reise nach Rom: zum ersten internationalen Germanistenkongreß. Dort wurde, mit unseren Stimmen, die Internationale Vereinigung für Literatur- und Sprachwissenschaft gegründet. Wir waren etwa 80. Die feineren westdeutschen Germanisten, von löblichen Ausnahmen abgesehen, blieben fern. Germanistik: das war deutsche/westdeutsche Sache. Also! Man hat sie auch hier belehren müssen. Die Kongresse der IVG fanden im Abstand von fünf Jahren statt in: Kopenhagen, Amsterdam, Cambridge, Princeton/New Jersey, Basel. Erst im Jahre 1985 traf man sich in Göttingen: dreißig Jahre nach unserer einstigen Flugreise von Schönefeld über Prag und Zürich an den Tiber. Wie fern dies alles war.

Am Flughafen wartete der Fahrer des Verlages. Der setzte sich nun ans Steuer. Mit ihm war ich plötzlich wieder in Sachsen. Die Leute, die so sprachen, nannte man »helle«. Sie waren es auch in ihrer Art. Was Neugier meinte, also auch Interesse an anderen Leuten, nicht allenthalben anzutreffen in Deutschland, wie auch geistige Neugier. Hier erschloß sich der DDR ein großes geistiges Kapital. Ich hatte es erleben dürfen in meinen fünfzehn Jahren als Leipziger Professor.

Kinder von Arbeitern und Bauern, das waren sie wirklich gewesen. Was Kleinbürgertum nicht ausschloß. Die Auslese hatte bei uns gut funktioniert. Uns wurde mitgeteilt, im Zeichen der Planwirtschaft, daß zu Beginn des neuen Studienjahres von uns – sagen wir – fünfzehn Studenten für die Fachrichtungen Germanistik und Geographie aufgenommen werden könnten. Dann schauten wir uns die Bewerber an. Das überließ man nicht den Assistenten. Der Ordinarius für Erdkunde war ein berühmter Mann. Spezialist für Afrika. Auch ihm machte es Spaß, das Aufnahmegespräch mit den jungen Leuten zu führen.

Dergleichen ist wichtig, will man die DDR-Leistungen in Technologie ebenso verstehen wie die Erfolge der Absolventen einer »Hochschule für Körperkultur« in Leipzig, die zumeist auch bei mir im Hörsaal saßen, denn literarische Bildung galt als erwünscht.

Als wieder einmal in der offiziellen Presse hergezogen wurde über Professor Mayers falsche Anschauungen über Sozialistische Literatur, nebst obligatem Spott über Mayers »Opulenztheorie«, sagte mir ein unbekannter Taxifahrer: »Mein Sohn studiert bei Ihnen. Er hat mir alles erklärt. Ich meine, Sie sollten durchhalten.« Die Opulenztheorie war eigentlich eine Interpretation der Nicht-Opulenz. Ich hatte in einem »umstrittenen« Aufsatz behauptet, der Tisch der DDR-Literatur sei nicht opulent gedeckt. Man fand das Wort komisch, weil es so fremd klang. Übrigens verwechselte man damals gern die Wortbedeutungen von opulent und frugal. »Gestern hatten wir aber ein frugales Essen«, erzählten sich die neuen Studenten begeistert.

Ich unterhielt mich mit dem Fahrer des Reclam Verlags. Den Typ kannte und mochte ich. Die Bücherstadt Leipzig hatte einen besonderen Menschen- und Stadtcharakter entwickelt, der die Musik ebenso ernstnahm wie die Bücher und ihre Verfasser. Doch ohne den sterilen Hochmut so vieler Weimaraner von heute, die alle noch selbst die Sämtlichen Werke der Klassiker geschrieben zu haben meinten.

Das Hotel International in Leipzig. Dort sollte ich wohnen. Es war eine rührend-schöne Aufmerksamkeit meiner Gastgeber, denn sie wußten, als ehemalige Studenten, daß der Herr Professor hier seine Gäste unterzubringen liebte. Mit den alten Kellnern, die hier gearbeitet hatten, als das heutige »International« noch »Fürstenhof« genannt wurde, gab es vertrauliche Gespräche. Ganz in der Nähe vom Fürstenhof hatte das Leipziger Alte Theater gestanden. In dessen Nachbarschaft kam Richard Wagner zur Welt. Sein Onkel hatte dort mit dem entlassenen preußischen Juristen E. T. A. Hoffmann gezecht.

Von alledem war etwas hängen geblieben bei den Leipzigern. Einmal durfte ich Friedelind Wagner im Fürstenhof bewirten, die Enkelin des Bayreuther Meisters. Sie reiste dann weiter nach Dresden. Ich brachte sie ans Auto, ging dann zurück, um die Zeche zu bezahlen. Der Kellner schien bewegt. »Herr Professor, die Dame die hier mit Ihnen saß, ich dachte mir, wenn man der ein Samtbarett aufsetzt, dann sieht sie aus wie Richard Wagner!«

Ich hatte Freude an meinem Hotel International mit den vielen Erinnerungen. Der Aufzug verlangte ein gesondertes Studium. Er muß aus der Zeit der schönen Silbermann-

Orgeln gestammt haben. Wenn man lernte, war er behilflich.

Hier hatten meine Gäste gern gewohnt: Ingeborg Bachmann und Peter Huchel, der gebürtige Leipziger Wolfgang Fortner und der Hölderlinforscher Friedrich Beißner, der meine ersten Beziehungen zu Tübingen herstellte. Alle meine Toten hatten sich eingefunden, als ich in dem inzwischen umgebauten Speisesaal meine erste Mahlzeit einnahm in Leipzig, nach fünfundzwanzig Jahren. Als Gast, nicht als Gastgeber. Das Essen war nach wie vor gut.

Da war ein hübscher kleiner Saal erhalten geblieben beim Umbau: geeignet für eine kleine Festlichkeit. Ich wollte ihn wiedersehen. Hier hatte man 1957 meinen fünfzigsten Geburtstag gefeiert: nun war ich achtzig. Krise damals und Spannungen. Fünf Monate nach gewaltsamer »Liquidierung« der Volksrevolte in Budapest. Georg Lukács befand sich immer noch in Lebensgefahr. Man wußte nicht, wo er sich befand, aber man würde sein Leben wohl schonen. Er war zu berühmt. Zum zweitenmal hatte er amtieren wollen (oder sollen) als Kultusminister einer Revolutionsregierung. Damals, nach dem Ersten Weltkrieg, als Mitarbeiter des legendären Béla Kun. Die Weißgardisten hatten gesiegt und den Sohn eines Bankiers und hochbegabten Denker ins Exil getrieben. Den Zweiten Weltkrieg überlebte er unter Stalin in der Sowjetunion. Sein früh erkannter ästhetischer Klassizismus half ihm bei der geistigen Adaptierung des verordneten Sozialistischen Realismus. Wir hatten damals in Leipzig oft über ihn, den wir alle liebten und bewunderten, gespottet. Karola Bloch sagte einmal wütend, das war noch vor Stalins Tod und vor dem 17. Juni 1953: »Wenn Stalin morgen verkünden läßt, das Innere der Erde besteht aus Erdbeermarmelade, wird auch das akzeptiert!« Wir lachten, dann setzte ich hinzu: »Und Lukács wird berichtigen: es sei Aprikosenmarmelade!« Nun befand sich der Genosse Georg von Lukács in der Hand seiner Genossen aus dem Reich des Sozialistischen Realismus.

Unser Verleger Walter Janka war in Haft irgendwo in Berlin bei irgendwelchen »zuständigen Organen«, wie die rätselhafte Formel zu lauten hatte. Auch Blochs Schützling Wolfgang Harich. Ernst selbst brauchte wohl nichts mehr zu fürchten. Der Generalstaatsanwalt Melsheimer war bei Ulbricht mit dem Haftbefehl gegen Ernst und Karola Bloch nicht durchgekommen. Bloch war kein Parteikommunist, Karola wohl. Der Leipziger Bezirksleiter der SED, einstiger Feldwebel der Wehrmacht, wie man sich erzählte, doch ein treuer Vasall Walter Ulbrichts, hatte den Parteiausschluß vollzogen. Die Begründung ließ sich hören. Karola Bloch wurde des »Personenkultes« bezichtigt: mit ihrem eigenen Mann. Das läßt sich nicht erfinden.

In solcher Stimmung saß man beisammen am Geburtstagsabend 1957, im Hotel International. Halb Festesfreude, halb Stimmung der Dantonisten im Gefängnis, wie bei Georg Büchner nachzulesen. Der Rektor hatte meine Einladung angenommen. Georg Mayer aus Hessen, Korpsstudent von einst mit Schmissen, daher der Beiname Säbelmayer, konnte sich diese Präsenz bei meiner Fete leisten. Andere vielleicht weniger; trotzdem hatte es keine Absagen gegeben. Allerdings lud ich nur ein, wen ich dabeihaben wollte. Das Hotelpersonal war mit Eifer bei der Sache. Natürlich würden Berichte geschrieben werden, doch verstand sich das von selbst.

In jenen Jahren feierten wir einmal irgendwo Geburtstag, nicht den meinen: in einem Haus von Freunden. Acht Gäste etwa. Einer geriet später ins Netz der zuständigen Organe. Man las ihm aus den Akten vor, was ich mir an jenem Abend an bedenklichem Reden geleistet hätte.

Ich hielt an jenem 19. März 1957 eine kleine Dankesrede und bekannte mich zu meinen Lehrern vom Jahrgang 1885: zu Lukács und zu Bloch. Die Rede kam gut an. Man hatte das erwartet.

Die verlorene Zeit ist wieder da, sie meldet sich zur Stelle im einstigen Fürstenhof, der so viel heitere Erinnerungen aufbewahrt hat: an den Besuch von Günter Grass etwa, der die Partei-Ideologen schön verärgert hatte, als er auf die obligate Friedenstaube von Picasso hinwies und erklärt: »Aber die Taube ist doch ein besonders zänkischer Vogel!«

Es hatte festliche Stunden gegeben, hier im Haus, mit Treuen und mit »Angebern« (im doppelten Wortsinn). Nun sollte ich viele von ihnen wiedersehen, bereits am ersten Abend. Ich hatte bloß zwei Namen genannt, als Vorbereitung dieser Reise: die Träger dieser Namen möchte ich nicht vor mir sehen. Man hielt sich daran. Vielleicht nicht ohne heimliche Freude.

Am Abend dann die literarische Debatte im Kulturbund zur demokratischen Erneuerung

Deutschlands. Hieß er immer noch so, wie das *Johannes R. Becher* gleich nach Kriegsende vorgeschlagen hatte? Ich weiß es nicht, weil ich danach zu fragen vergaß. Vielleicht hatte man auch hier eine neue Terminologie bemüht, da man nichts mehr von Deutschland und Deutschen Organisationen wissen wollte. Hatte man doch den Text der Nationalhymne, der von Becher stammte, aus dem öffentlichen Leben zurückgezogen. Der hatte noch Deutschland als ein einiges Vaterland besungen. Nun gab es nur noch diese beiden Staaten »auf deutschem Boden«.

Um den Becher-Text war es nicht schade: da hatte er, der ein bedeutender Dichter gewesen war und zu Zeiten, wenn es ihm darum zu tun war, immer noch sein konnte, einfach zu rasch und nach hastig erteiltem Parteiauftrag dahingereimt. Allein man hatte nicht ein schlechtes Gedicht verworfen, sondern eine deutsche Hoffnung.

Abermals: wie fern war dies alles. Gleich nach Kriegsende war Becher durch die vier Besatzungszonen gereist, um die »Kulturschaffenden«, wie es nun hieß (nach einem vielleicht schlecht übersetzten russischen Fachausdruck), zu gemeinsamer geistiger Aufbauarbeit anzuregen. Er hatte damals Erfolg auch bei jenen, denen der aus der Sowjetunion zurückgekehrte Dichter im übrigen unheimlich vorkam. In Stuttgart hatte Becher seinen Werbevortrag halten können, eingeführt durch Theodor Heuss. Auf einem Ersten Deutschen Schriftstellerkongreß in Berlin im Oktober 1947 saßen Friedrich Wolf, Anna Seghers und der Kunsthistoriker Edwin Redslob nebeneinander auf dem Podium. Bald darauf gründete Redslob mit anderen im amerikanischen Sektor die Freie Universität Berlin: als Gegensatz zur offenbar unfreien Hochschule Unter den Linden. Redslob wurde zum Rektor gewählt. Zwanzig Jahre später sollte sich der Literaturwissenschaftler *Peter Szondi* höchst kritisch auseinandersetzen mit Terminologie und Programm einer mit Freiheit auftrumpfenden »Freien Universität«.

Heute war alles abgegriffen und zur billigen Redemünze degradiert, was nach 1945 so heiß umstritten wurde. Demokratische Erneuerung Deutschlands. Freie Universität. In Frieden und Freiheit. Antifaschistisch-demokratische Ordnung. Auch das Bekenntnis zum Sozialismus?

Die abendliche Diskussion mit geladenen Leipziger Gästen im Haus des Kulturbunds war von beiden Seiten gewünscht worden: von den Gastgebern wie von mir selbst. Mir lag daran, bei meiner Rückkehr nach einem Vierteljahrhundert nicht allein als Gast eines halbstaatlichen Verlages empfangen zu werden, sondern auch von einer offiziellen gesellschaftlichen Organisation. Da kam allein der Kulturbund in Frage. Die Möglichkeit einer Veranstaltung in der Karl-Marx-Universität hatte ich von vornherein bei den Vorbereitungen ausgeschlossen. Ich habe es nicht betreten, das neue Gebäude meiner alten Universität.

Andererseits lag auch der Leitung des Kulturbundes ersichtlich an diesem halboffiziellen Gespräch. Noch dazu über heutige deutsche Literatur: also den alten Streitpunkt zwischen den Parteifunktionären und mir mitsamt meiner einstigen Opulenztheorie. Weshalb ich gern die Anregung aufgriff. Kurz nach dem Besuch in der DDR würde ein Buch von mir über deutsche Nachkriegsliteratur erscheinen. Daran hatte ich seit 1986 gearbeitet. Folglich würde ich im Kulturbund über meine Arbeit sprechen, ihre Prämissen, ihre Ergebnisse. Überdies gab es in dem neuen Buch ein Kapitel über »Konstellationen einer Literatur der DDR«.

Das Auto holte mich ab im Hotel. Wohlbekannte Straßen und Straßennamen. Von meiner Wohnung kam ich zu Fuß nach zehn Minuten ins Hotel International. Diesmal die umgekehrte Richtung.

Hier rechts stand ein Haus mit einer Inschrift. Es ging rasch vorbei, doch ich kannte die Inschrift. Sie teilte einer Nachwelt mit, hier habe einstmals ein junger Musiker namens *Gustav Mahler* gewohnt: engagiert an das nahe Operntheater. Mahler wirkte als zweiter Kapellmeister. Übergeordnet war ihm der berühmte Gewandhauskapellmeister Arthur Nikisch, was Mahler gewurmt hat, wie man heute weiß. Nikisch hatte sich gut benommen gegenüber dem jungen Kollegen. Er hat sich auch später für den Komponisten Mahler eingesetzt. Im Gegensatz zu dem großen Hans von Bülow, dem späteren Kollegen Mahlers in Hamburg. Bülow bewunderte den Dirigenten, Mahlers Musik aber konnte er nicht ausstehen.

Hier in der Gustav-Adolf-Straße hatte Mahler eine fragmentarische Partitur aus dem Nachlaß Carl Maria von Webers zu einer abendfüllenden heiteren Oper »Die drei Pintos« komplettiert. Was aber war darin noch von Weber oder schon von Mahler? Hans von Bülow ließ verlauten, ihm sei die Weberei wie die Mahlerei tief zuwider.

Übrigens hatte Mahler hier in Leipzig an seiner Ersten Symphonie gearbeitet: einer seiner besten. »Der Titan«, so sollte sie heißen: nach Jean Paul.

Jetzt überqueren wir die Tschaikowskistraße, die noch König-Johann-Straße hieß, als ich im Oktober 1948 in der Nummer 23 einzog. Dann Johannstraße. Später wurde sie Pjotr Iljitsch Tschaikowski gewidmet. Drüben zur Rechten mußte das Haus liegen. Ich schaute nicht hin.

Der Klub der Kulturbundleute war offenbar in einem guterhaltenen Großbürgerhaus in einem Leipziger Vorort untergebracht worden. Ich kannte ihn nicht, wobei mir einfiel, daß ich damals zwar Mitglied des Kulturbunds gewesen war, doch an dessen Aktivitäten kaum jemals Anteil nahm. Ich kannte den viel pompöseren Klub der Universität unweit vom einstigen Reichsgericht. Dort hatten wir offiziell unsere Gäste, als Universität, Fakultät oder Institut, bewirtet. Übermorgen würde ich dort zum Mittagessen erwartet sein. Der Klub der Kulturschaffenden war gemütlich, doch hatten sich zu viele Mitglieder eingestellt. Es war heiß und überfüllt, obwohl nur geladene Gäste zugelassen wurden. Allein der Kulturbund hatte viele Mitglieder.

Es war zu erwarten gewesen: in der Überzahl die bekannten Gesichter von einst. Die meisten noch erkennbar, einige nicht mehr. Fünfundzwanzig Jahre. Aber wir wissen nicht, daß wir altern. Das hatte ich stets bedenken wollen: weil es Marcel Proust seinen Leser gelehrt hatte, doch die Lektion war schwer. Gerade hier und jetzt.

Der Bezirkssekretär des Kulturbunds begrüßte mich, saß neben mir, leitete die Gespräche. Er war freundlich, sichtlich erfreut über den Besuch und die Veranstaltung. Als einziger trug er, wenn mir recht ist, das Parteiabzeichen. Auch von Losungen und Transparenten war im Haus nichts zu sehen; auch sonst wohl nicht in der Stadt, obwohl die Leipziger Messe bevorstand. Oder weil?

Ich hielt mich nicht lange, das empfanden alle als vernünftig, mit Einleitungsreden auf, kam zur Sache, gab einen Arbeitsbericht. Weder Wiedersehensfreude noch Gezeter. Dann kamen die Fragen: weit eher Sachfragen als Grundsätzliches. Man spürte: hier hatten sich alle, und seit Jahren, überfressen an ideologischer Schwerkost. Man wollte Einzelheiten wissen. Wie steht es mit diesem Schriftsteller, mit jenem Buch? Ersichtlich war, daß alle wußten, wovon sie sprachen. Die moderne Literatur »des Westens« war ihnen kein Gerücht. Wie sie das im einzelnen angestellt hatten? Das war heute, vom Fernsehen abgesehen, viel leichter als in den fernen Fünfziger Jahren. Damals hatte ich als Institutsleiter, dank guter Verbindung zu Suhrkamp oder Rowohlt und anderen, auch zu den Autoren selbst, unsere Institutsbibliothek angemessen ausstatten können. Hier hatten sie sich bedient, neben der Deutschen Bücherei, die Christa Wolf und Uwe Johnson und die vielen anderen. Auch jene, die heute sprachen oder fragten.

Was mich bewegte, tief ergriff, war dies: Wir hatten vom ersten Augenblick an wieder eine *gemeinsame Sprache*. Sprachen miteinander wie damals, vor so vielen Jahren und Geschehnissen. Wußten sogleich, ohne besondere Kommentierung, was jeweils gemeint war. Das Gespräch hatte, dahergeredet, ein »gutes Niveau«, nämlich die gemeinsame geistige Neugierde. Das ist so geblieben, die ganze Reise hindurch. Ohne daß ich das Gefühl hatte, da tue sich einer Zwang an und weiche allen Tabus aus und allen sogenannten Reizwörtern. Die so ausdrücklich in der DDR abgelehnte Konvergenz der Gedankengänge, offiziell undenkbar, wegen der Unmöglichkeit einer »ideologischen Koexistenz«, war einfach real. Ich hatte es immer gewußt und auch gesagt.

Hatte ich geahnt, daß ein Umschlag kommen werde? Vermutlich nicht, vielleicht aber ist es ungenau, von Umschlag zu sprechen. Natürlich spürte ich viel Freundlichkeit, wohl auch Dank bei den einstigen Studenten und Assistenten. Ich saß da, auch an den späteren Tagen, zusammen mit Leuten in Amt und Würden, Familienvätern, angesehenen Leuten. Der war Generaldirektor der Dresdener Galerie, jener dort übte die oberste Aufsicht in Weimar aus über die Häuser am Frauenplan und an der Esplanade, über die Dornburger Schlösser und das schöne Belvedere. Direktoren der großen Verlage, Professoren der Germanistik, der Geschichte, der Romanistik undsoweiter. Ehemals Studenten, Hilfsassistenten, Doktoranden, Assistenten, Herr Kollege. Alle aber sprachen mich nach wie vor mit dem »Herr Professor« an. Ich ließ es geschehen; wußte ich doch, wie das zu verstehen sei.

Trotzdem spürte ich an jenem ersten Abend eher Benommenheit, ein ungenaues Empfinden, nicht eigentlich Freude. Ganz sicher nicht Bitterkeit. Die hätte unser Gespräch sogleich verzerrt. Das war es also nicht. Was aber? Man hatte im Kulturbund etwas gegessen und getrunken. Dann bat ich, man möge mich zurückfahren ins Hotel.

Ein heiterer Morgen, gutes Wetter,

milde und trocken. Ich wollte »mein Leipzig« für mich allein wiedersehen und hatte keine Verabredung für den Vormittag angenommen. Am Abend gab es dann die Lesung aus den Erinnerungen im Gohliser Schlößchen. Da mußte der Kopf frei bleiben. Ich verließ das Hotel.

Erstes Befremden: die Straßenseite gegenüber dem Hotel war ganz unbekannt. Das hatte ich gestern nicht bemerken können. Mühsam versuchte ich, das einstige Bild zu beschwören. Es gelang nicht. Was man da hingebaut hatte, war nicht schlecht. Nur: es war nicht mehr das Vertraute. Den riesigen Hauptbahnhof fand ich wieder, trat aber nicht ein. Zu viele Erinnerungen an Abfahrten und Ankünfte. Zuviel Umgang mit Toten.

Jetzt die vertraute leichte Steigung zum Hauptplatz, der einst dem sächsischen Kurfürsten Augustus, König von Polen, gewidmet war. Leipzig war niemals eine Freie Reichsstadt gewesen. Die Leipziger wollten sächsische Untertanen bleiben, und fanden sich nicht schlecht dabei. Außer wenn Krieg war, und der Landesherr wieder einmal auf der falschen Seite gestanden hatte.

Weiland Augustus-Platz, nunmehr Karl-Marx-Platz. Marx war niemals in Leipzig, wenn ich mich recht erinnere. Darüber war diskutiert worden bei einem Marx-Jubiläum, als nicht bloß der Platz umbenannt wurde, sondern auch die Universität, deren Hauptgebäude am besagten Platz lag. Die berühmte Universität. Sie war 1409 begründet worden. Bilder erinnerten an die Feier von 1909 mit dem Deutschen Kaiser und dem König von Sachsen. Wir hatten im Jahre 1959 gefeiert. Ich hatte damals den Germanisten der Sorbonne (Maurice Colleville), den Moskauer und den Pekinger zu Gast. Fong Chi und Roman Michailowitsch Samarin standen damals noch gut miteinander. Sie durften es.

Allein die Universität hatte sich niemals mit dem Namen eines Dynasten geschmückt. Keine Augustus-Universität. Die Goldbuchstaben, nach wie vor gut sichtbar, verkündeten: Universitas Litterarum Lipsiensis. Jetzt also Karl-Marx-Universität. Warum nicht? Er hat mich, der Mann aus Trier, stärker geprägt, mit meinen zwanzig Jahren, als irgendein anderer Denker oder Künstler.

Vielleicht war es eben dies, was den unerklärbaren inneren Ausbruch hervorrief, dem ich nun ausgesetzt wurde. Der Umschwung kam nicht von außen, durch irgendein widriges Erlebnis, sondern aus dem Innern.

Ich stand nun am Karl-Marx-Platz, an der Ecke der Grimmaischen Straße, einer Flanierzeile von sonderbarem Zauber: ehemals und auch heute noch. Fußgängerzone. Schön restaurierte Erker an den wenigen schönen Häusern, die den Flammen entkamen. Als Oper und Universität und soviel anderes getroffen wurde.

War es der Anblick der neuen Universität? Ein imposantes Hochhaus, ein bißchen als schiefer Turm konzipiert. Die bösen Leipziger, die es nicht verwinden konnten, daß man die durchaus restaurierbare alte Universität mitsamt der benachbarten Paulinerkirche gesprengt hatte, um dies hier hinzustellen, sprachen höhnisch vom »Weisheitszahn«. Ein Riesenzahn. Warum waren die Sprengungen von Ulbricht angeordnet worden? Er hatte viel für seine Vaterstadt getan, die es ihm nicht danken wollte. Dort die neue Oper war auf ausdrückliches Betreiben und Drängen des damaligen Staatsratsvorsitzenden aus Leipzig gebaut worden. Er hatte auch durchgesetzt, daß sie mit den »Meistersingern« eröffnet wurde, dem Werk eines »Leipzigers«. Ich erinnere mich an die Premiere. Des Spielleiters Joachim Herz von allen Klischees (vor allem des Dritten Reiches) abweichende Inszenierung spielte Wagner gleichsam auf einer bloß andeutenden Shakespearebühne. Wieland Wagner hatte sich das genau angesehen und manches für Bayreuth übernommen: was ihm heftigen Zorn eintrug und den Vorwurf, ein unwürdiger Enkel zu sein. Beim feierlichen Festakt zur Operneröffnung spielte David Oistrach das Violinkonzert von Brahms. Brahms selbst war unweit von hier, im alten Gewandhaus, mit seinem Ersten Klavierkonzert erbärmlich durchgefallen. Keine Hand regte sich, als er zu Ende gespielt hatte. Ein paar Freunde klatschten schüchtern, wurden sogleich niedergezischt. Er mußte abtreten.

So viele Erinnerungen. Sie kamen mir nicht, als jenes Unerklärbare ausbrach. Im Gegenteil, die als viel zu klassizistisch bemäkelte Oper aus den Fünfziger Jahren stand in der Sonne in schönen Proportionen. Sie bewahrte die Kontinuität. Der Weisheitszahn tat das nicht. Walter Ulbricht hatte dokumentieren wollen: dies sei eine Neue Universität, streng abgesetzt gegen die soziale Struktur, die Rituale und weitgehend auch gegen die Lehren der bürgerstolzen Hochschule von einst. Das ließ sich hören. Vieles hatte sich geändert in der sozialen Gliederung und in den wissenschaftlichen Prioritäten. Dennoch: diesem neuen Lehren und Lernen, als »Überbau« verstanden, entsprach weder eine neue gesellschaftliche Basis noch ein neues, von Grund auf verändertes Bewußtsein. Das hatte Ulbricht (um ihn als Zuordnungspunkt zu verstehen) bereits falsch verstanden, als er das Berliner Schloß liquidierte, den wilhelminischen Dom jedoch sanktionierte.

Allein damit ist für mich nicht erklärt, was an dieser Stelle in mir aufstieg. Genau an der Ecke des Karl-Marx-Platzes und der Grimmaischen Straße. Just an dieser Ecke war mir ein breitangelegtes, doch nicht hohes Gebäude aufgefallen. Es war offiziell, das sah man. Ein Metallfresko über der Eingangstür, die sich in ängstlicher Drehung der Besucher gleichsam zu erwehren suchte. Werktätige traten wieder einmal aus der Wand hervor. Marschieren, marschieren ...

Einer wand sich aus der Drehtür ins Freie. Ich sprach ihn an, wollte wissen, was dies für ein Gebäude sei. Sein Blick war nicht mißtrauisch, eher höhnisch: »Dies ist das Rektorat der Karl-Marx-Universität!« Nun wußte er es also, der Klassenfeind. Ich hatte das Leipziger Rektorat im Oktober 1948, vor bald vierzig Jahren, in wesentlich beengteren Verhältnissen erlebt, freute mich also der Wandlung. Aber das Zusammenspiel von Administration und Wissenschaftsablauf war architektonisch, wie mir schien, nicht gelungen.

Ich wollte hinübergehen, um das neue Gewandhaus anzuschauen, vorher rasch noch einen Blick werfen auf jenes Stückchen Leipzig, das fünfzehn Jahre lang für mich gleichbedeutend gewesen war mit dem eigentlichen Sinn meines Tuns.

Dazu kam es nicht mehr. Ich habe das neue Gewandhaus nicht gesehen. Für den Besuch eines Konzertes war keine Zeit vorgesehen. Und der kleine Weg hinüber wurde jetzt unmöglich.

Ein lautloses Heulen, das war es wohl. Hätte man mich angesehen, da wäre kaum etwas aufgefallen. Ein alter Mann stand da. Vielleicht ein leichter Schwächeanfall. Allein ich fühlte mich nicht schwach, eher fast im Übermaß als »seiend«, wie es Goethe einmal in Italien nennt. Aber da war kein Gedanke an Goethe, auch an sonst nichts. Bewußtlos bei offenen Augen und am hellichten Tag: in der Grimmaischen Straße. Die Seelenpolizei war rasch zur Stelle. Weitergehen, weitergehen.

Ich ging weiter. Kein Blick mehr auf den einstigen Weg zur Universität und zum Hörsaal 40. Die gab es ohnehin nicht mehr. Zurück zum Karl-Marx-Platz. Nun war ich wieder ruhig. Kein Versuch, das Geschehene zu reflektieren. Weg von dieser Stelle. Ich ging zum Franz-Mehring-Haus. Franz Mehring, Freund der Rosa Luxemburg, bedeutender Historiker und Literaturkenner, wirkte einstmals als sozialdemokratischer Redakteur in Leipzig.

Im Franz-Mehring-Haus, das nicht zerstört worden war, hatte ich nach der Ankunft in Leipzig im Herbst 1948 meine ersten Amtsräume als Professor bezogen. Unten gab es schon damals eine Buchhandlung, die spezialisiert war auf marxistische Schriften.

Die suchte ich auf, scheinbar ganz »wiederhergestellt«. Ich brauchte einen Band der großen Marx-Engels-Ausgabe für eine Arbeit. Die Nachfrage in der Bundesrepublik schien mühsam zu sein. »Das müssen wir bestellen ...« Nun war ich an der Quelle. Das Mädchen griff gelangweilt nach oben. Da standen die Bände in geschlossener Reihe. Unangreifbar und unangegriffen. Sie holte mir den Band herunter. Der war gebunden und vorbildlich redigiert. Das wußte ich. Zehn Ostmark. Ich freute mich der Erwerbung. Nun konnte ich zu Hause weiterarbeiten.

Nebenan gab es jetzt, damals noch nicht, ein Restaurant, eigentlich ein Kaffeehaus. Es war, am Vormittag, gut besetzt, meist Studenten. Doch man wurde rasch bedient. Ein zweites Frühstück. Das war unnötig, aber plötzlich besonders wichtig geworden. Ich begann nachzudenken. Was war das gewesen? Das Frühstück brachte keine Lösung, natürlich nicht, doch andere Gedanken.

Was also war geschehen? Ein alter Mann denkt an Erfahrungen von einst. Ein Gelehrter fragt nach Vergleichbarem. War dies eine »Nausée« gewesen im Sinne des Philosophen Jean-Paul Sartre, der seinem ersten Roman ebendiesen Titel gab. La Nausée. Was man ungenau mit »Der Ekel« übersetzt hat. Man ekelt sich über irgend etwas. Die bei Sartre erzählte Geschichte hingegen hatte nicht von ekelhaften Vorgängen berichtet. Es ging um ein Grauen vor allem Seienden. War es dies, auf der Grimmaischen Straße? Wohl nicht. Eher ein Gemisch aus Vielerlei: das Altern vor allem; die trostlose Perspektive; andererseits keinerlei Schwermut, trotz dem lautlosen Heulen. Erinnerung natürlich an die fünfzehn Leipziger Jahre. Allein die waren produktiv gewesen, gar nicht vergeblich. Möglicherweise hatte eben dieses innere Empfinden die Erregung ausgelöst. Hier war ich gegangen, hatte ein Ziel, einen Weg. Später schrieb ich bessere Bücher. Hier aber, unweit von hier, hatte ich etwas bewirken können. War es das? Ich weiß es nicht.

Am Abend die Lesung im Gohliser Schlößchen. Darauf hatte ich mich gefreut. Das schöne Schlößchen im Leipziger Vorort war mir wohlbekannt und lieb. Hier hatte ich einstmals eine Lesung der Anna Seghers eingeleitet. Unweit von hier das Schillerhäuschen. Eine ärmliche Bleibe, bevor der Freund Körner den Dichter nach Dresden holte. In Gohlis war der Entwurf zur Ode an die Freude entstanden; in durchaus freudlosen Umständen.

Man hatte mich vorbereitet: da sei ein Ansturm zu erwarten. Die Veranstalter, also die Leute vom Reclam Verlag, wurden nicht in Ruhe gelassen. Ob man nicht eine Einladung erhalten könne. Es war eine geschlossene Veranstaltung: auch in jedem Sinne.

So kam es auch. Vor dem Eingang warteten Studenten ohne Einladung. Einer hielt mir eine kleine Rede: sie könnten mich nicht mehr auf dem Katheder erleben, aber nun sei ich da. Also. Ich lachte und machte darauf aufmerksam, ich sei Gast, nicht Gastgeber. Aber ich würde mit den Veranstaltern sprechen. Es ließ sich arrangieren. Nun jedoch wurde es drinnen sehr eng. Kein Lesepult, nur ein Tischlein, um mich her Sitzende auf Stühlen oder Hörer auf dem Fußboden. Es war ein bißchen unbequem.

Eine freundschaftliche Ansprache meines Gastgebers, des Reclam-Chefs. Einstiger Schüler, doch Slawist, nicht Germanist. Er hatte auch in Moskau bei meiner Gastprofessur im Herbst 1956 im dortigen Hörsaal gesessen: im Hörsaal Belinskis und Bakunins. Das war im Zeichen des Tauwetters. Dann wurden im Spätherbst die Panzer auf den Weg nach Budapest geschickt. Bald darauf die Verhaftungen von Wolfgang Harich und Walter Janka. Gefahr für Ernst Bloch. Ich würde etwas später drankommen.

Von alledem sprach man nicht. Wozu auch. Alle ergänzten das für sich allein. Auch ich hielt es genauso wie am Vorabend im Kulturbund. Keine Umarmung, kein Gezeter. Zwei Namen wurden von mir genannt: weil sie mit dem Ort hier zusammenhingen. Anna Seghers natürlich. Dann der verstorbene Lyriker Georg Maurer, der unweit vom Schlößchen wohnte. Ich war oft bei ihm gewesen. Für die jungen Dichter der DDR hat Maurer viel geleistet. Er lehrte am Schriftstellerseminar, das nach Johannes R. Becher benannt wurde. Peter Huchel hat Maurers Texte immer wieder in »Sinn und

Form« gedruckt. Maurer war aus Siebenbürgen gekommen. Ein Rilkeaner, der schöpferisch wurde. Bisher ist Georg Maurer ignoriert worden vom feineren Feuilleton der Bundesrepublik. Das wird noch kommen. Ich freute mich: Eva Maurer war da.

Eingeladen wurde zu einer Lesung aus meinem Erinnerungsbuch »Ein Deutscher auf Widerruf«. Was sollte ich vorlesen? Das hatte mich lange beschäftigt. Ich entschied mich für drei kürzere Texte. Zwei aus dem ersten Band, der mit dem Aufbruch nach Leipzig im Herbst 1948 schließt. Ich las eine Schulerinnerung aus dem Jahre 1922: die erste Begegnung mit dem, was mein Leben nach 1933 bestimmen sollte. Dann der Bericht über die Rückkehr ins zerstörte Deutschland im Oktober 1945. Man soll immer wieder erzählen, was man damals vorfand und was inzwischen deutsche Wirklichkeit geworden ist: hüben wie drüben. Ich hatte beim Lesen auch hier den Eindruck, daß verstanden wurde, warum ich eben diese Vorgänge abermals mitteilen wollte. Zum Abschluß einige Seiten aus den Erinnerungen an Brecht, also aus dem zweiten Band meiner Begebenheiten.

Viel Beifall, endloses Signieren vor allem des soeben bei Reclam erschienenen Buches über Goethe. Der Verlag hatte eine große Anzahl für den Abend zurückbehalten. Ich fragte den Verleger, obwohl ich es hätte wissen müssen, ob sich das Buch gut verkaufe. Er sah mich verwundert an: »Das wird von uns zugeteilt!« Was heißen sollte: Wieder unterm Ladentisch. Nach wie vor. Es wurden auch frühere Bücher von mir zur Unterschrift vorgelegt. Aber auch einige meiner »Westbücher« hatte ich zu signieren. Das war offenbar unbedenklich.

Später erschien ein achtungsvoller Zeitungsbericht in der »Leipziger Volkszeitung«. Man bezeichnete mich auch als Nationalpreisträger. Das war ich also noch ...

Die Leipziger Volkszeitung in jenen Leipziger Jahren. Die schönste Geschichte hat Ernst Bloch erlebt und erzählt. Er las, der Mann mit den schlechten Augen, jeden Morgen die Lokalzeitung, sehr aufmerksam. Griff mechanisch dorthin, wo die Zeitung zu liegen pflegte. So auch diesmal. Er las, zuerst die Vorderseite, dann Umblättern. Auf der zweiten Seite stutzte er. Was da berichtet wurde, fand doch vor vielen Monaten statt. Da war eine alte Zeitung liegengeblieben. Doch auf der ersten Seite war sie ebenso alt wie neu.

Eine Diskussion gab es nicht: die hatte keiner haben wollen. Anschließend fuhren wir in die Wohnung des Verlagsleiters. Etwa zwanzig Gäste, ich kannte sie alle, hatte gebeten, daß einige, die aus Magdeburg oder Dresden angereist waren, dabei sein könnten. Es wurde ein Fest von besonderer Art: ernst und weit entfernt vom »geselligen Beisammensein«. Dennoch im guten Sinne »gemütlich«. Nicht Gespräche, sondern ein Gespräch. Literatur und Politik, was denn sonst? Hier saßen, ähnlich wie im Herbst 1986 in der Akademie der Künste der DDR nach meinem Vortrag über Karl Kraus, einige der wichtigsten Kulturpolitiker, Künstler und Professoren des »anderen« deutschen Staates. Wodurch unser Gespräch sein natürliches Thema fand. Eines wurde für mich abermals deutlich. Die scheinbar so einleuchtende These, wonach zwei gesellschaftlich grundverschiedene Staaten eine grundverschiedene Kultur, folglich auch Literatur entwickeln müssen: sie widersprach aller Wirklichkeit. Sie war aussichtslos.

Es gab sie weiterhin: die Einheit der deutschen Literatur. Verstanden als Literatur in deutscher Sprache. Vielleicht war dies ruhige und genaue Gespräch, das so viel innere Freude spüren ließ über unser Beisammensein, der schönste Augenblick beim Wiedersehen mit Leipzig.

Am nächsten Morgen, einem Freitag, war der Autor bei der Belegschaft seines Verlages zu Gast. Reclams hatten nach einem Vierteljahrhundert wieder eines meiner Bücher in der DDR herausgebracht. Nun wollten die zumeist jungen und jüngeren Leute den Verfasser kennenlernen und befragen.

Solche Zusammenkünfte habe ich gern. Da wird zur Sache geredet, nicht aus Wichtigtuerei. Weshalb es freundlich, doch keineswegs besonders feierlich oder gar devot zuging. Der Verlagsleiter stellte mich vor, dann improvisierte ich einen Rückblick auf mein Arbeiten in eben jenen – trennenden – fünfundzwanzig Jahren. Der Weg zu meinem Goethebuch, das man hier nachgedruckt habe; die Entstehung meiner »Außenseiter« sodann. Bemerkenswert, doch für mich keineswegs verwunderlich, daß mancher, der hier fragte oder sprach, das Buch zu kennen schien. In Leipzig war man »irgendwie« stets auf dem Laufenden. Dann die Motivation und Entstehungsgeschichte der Memoiren mit dem Titel »Ein Deutscher auf Widerruf«. Auch hier gab es im Verlag, und zwar keineswegs nur bei den Lektoren, sondern auch beim technischen und vor allem beim künstlerischen Personal, seriöse Sachkenner. Gerade das Erinnerungsbuch bot Stoff zur Befragung.

Zumal ich am Vorabend daraus vorgelesen hatte. Jetzt wurde eine Debatte nachgeholt, die wir alle am Vorabend vermeiden wollten.

Kaum Ideologisches. Niemand sprach mehr, wie es noch vor wenigen Jahren bei solcher Gelegenheit unumgänglich gewesen wäre, vielleicht gar in Form eines Parteiauftrags, von den Grundsätzen einer normativen Ästhetik. Keiner redete strafend im Tonfall des »Und überhaupt...«

Bedenken hingegen, hier sprachen gebildete Germanisten, ob meiner schroffen Trennung zwischen einer – nach meiner Ansicht – unmöglichen »Autobiographie« und einem Erinnerungsbuch.

Schließlich die erwartete Fragestunde mit Erkundigung nach einzelnen deutschen Gegenwartsautoren von hüben und von drüben. Ich hielt mich mit Absicht besonders auf bei Autoren aus der DDR. Da konnte mein Votum indirekt sogar hilfreich sein, wie ich ahnte. Heiner Müller natürlich. Nach den Fortgegangenen wurde nicht gefragt. Ich benutzte die Gelegenheit, um an Wolf Biermann zu erinnern: an den ungewöhnlichen Lyriker, der nun einmal nicht weggeleugnet werden kann. Welchen Zusatz ich jedoch nicht sprach.

Dann erregte ich Verwunderung, hohes

Interesse, als ich berichtete, daß ich in neuerer Zeit vor allem neugierig geworden sei auf zwei Autoren aus der DDR. Den Lyriker *Wulf Kirsten* und den Erzähler-Stückeschreiber-Essayisten *Christoph Hein*. Reclams selbst hatten Kirstens Gedichtband »Die Erde bei Meissen« herausgebracht, waren ersichtlich aber nicht der Meinung gewesen, das sei was Besonderes. Ich hatte die westdeutsche Ausgabe kennengelernt, die in Frankfurt erschien. Dann bekam Kirsten für seine Lyrik den Peter-Huchel-Preis des Südwestfunks. Er hatte ihn in Staufen entgegengenommen. Ich hatte auch die Reden gelesen, die dabei gehalten wurden. Diese Lyrik teilte mit Huchel selbst jene wichtige Zweiheit aus genauer Beobachtung einer Alltagswelt kleiner Leute *und* geschichtlicher Rückbesinnung auf antike wie außerdeutsche Traditionen. Ich hätte es wissen müssen. Mein Bericht an jenem Morgen im Verlag hatte Folgen. Ich bekam einen Brief von Wulf Kirsten. Jahrgang 1934: wie Uwe Johnson. Auch er hatte bei uns im Hörsaal 40 gesessen.

Christoph Hein war im Westen und, wie sich zeigte, auch hier bei den Leipzigern ein Geheimtip. Seine Rede auf dem letzten Schriftstellerkongreß hatte vielen »aus dem Herzen« gesprochen.

Mittagessen mit Freunden im Haus der Wissenschaftler. Hier hatten wir die 550 Jahre der Universität gefeiert und auch – mit Maßen – begossen. Hier bedankte sich Walter Jens artig bei den Gastgebern nach dem denkwürdigen Lyrik-Symposion mit Huchel und Hermlin, Ingeborg Bachmann und Enzensberger. Das war im Frühjahr 1960 gewesen. Ein Jahr später (1961) ärgerte Günter Grass, wie erwartet, seine Gastgeber: nicht mit groben politischen Tiraden, sondern mit kleinen spöttischen Sticheleien, etwa auf die zänkische Friedenstaube. Bald darauf entstand die Berliner Mauer. Eine Zeit der geistigen Autarkie wurde verordnet. Es war gut, daran jetzt zurückzudenken.

Dann wollte ich, für die noch verbleibenden Stunden in Leipzig, nur noch Freunde sehen, nichts mehr repräsentieren. Sehr habe ich immer die ersten Zeilen aus der letzten Magelone-Romanze von Ludwig Tieck geliebt, die Brahms vertonte.

Treue Liebe dauert lange,
Überlebet manche Stund',
Und kein Zweifel macht sie bange,
Immer bleibt ihr Mut gesund.

Das gilt auch für Freundschaft. Besonders in finsteren Zeiten.

Von der Stadt selbst habe ich kaum etwas wiedergesehen, von Leipzig. Ich stieg ins Auto, bald in Richtung Völkerschlachtdenkmal, bald hinaus in Vororte wie Holzhausen, wo Freunde wohnten. Ich habe auch die Wilhelm-Wild-Straße nicht wiedersehen wollen, wo ich zu Gast war bei Ernst und Karola Bloch. Es gibt keine Wiederkehr: diese Gedichtzeile aus Brechts »Hauspostille« ist durchaus wörtlich zu verstehen. Der Wunsch nach Wiederkehr gehört zum restaurativen Denken.

Dennoch erschien mir alles gleichzeitig auch grundvertraut: nach wie vor. Stets wußte ich ungefähr, wo ich mich gerade befand. So konnte ich trotzdem, bei den paar Flanierungen und raschen Autofahrten, ungefähr ahnen, was mich vertraut anmutete und was mich im Wortsinn befremdete.

Weit stärker als ich es in Erinnerung hatte, präsentierte sich das heutige Leipzig vor allem als *Messestadt*. Das war in der Ordnung. Die Leipziger Messe bildete ein wichtiges Element der Wirtschaft und Planung dieses anderen deutschen Staates. Ich hatte Erfahrung mit Messestädten. In der Messestadt Frankfurt war ich damals gelandet, im Herbst 1945, bei der

Heimkehr in die deutsche Fremde. Später zog ich gleichsam die Lebenskurve des großen Leibniz nach. Von seiner Geburtsstadt Leipzig zu seiner Sterbestadt Hannover. Zwei Messestädte.

Dennoch: weder im Stadtkern von Frankfurt (da dominierten Hochhäuser der Hochfinanz) noch am Hohen Ufer (Hannover) der weltbekannten Leine spürte man bei jedem Schritt den Lebensrhythmus einer Messestadt, deren Atemzüge nach dem Zweitakt Vormesse und Nachmesse ablaufen.

Auch in Leipzig hatte ich das früher niemals so erfahren. Der Frühjahrsmesse hielt man sich besser fern. Da war alles überfüllt und überteuert. Freilich gab es dann wichtige Musikabende mit dem Gewandhausorchester. Die Herbstmesse war vor allem Buchmesse. Da mußte ich hin, weil sich einiges bewegte. Johannes R. Becher hatte als Kulturminister der DDR die Buchmesse (einmal auch den Leipziger Kirchentag) dazu genutzt, mit westlichen Besuchern über Literatur und Kunst zu diskutieren. Er liebte das, konnte es auch gut. Einmal fragte ihn ein westdeutscher Besucher im überfüllten Saal, ob das, was man gerade vom Herrn Minister gehört habe, übereinstimme mit der Meinung des Schriftstellersekretärs Kurt Barthel, der sich läppischerweise Kuba nannte. Der Fragesteller zitierte eine gedruckte Dummheit des Schriftstellerpaukers, dem Brecht ein berühmtes Spottgedicht gewidmet hat. Becher hörte sich das Zitat ruhig an und sagte dann: »Auch Kuba ist sterblich!«

Die Buchmesse war in der Innenstadt geblieben: im Umkreis der Universität, des ursprünglichen Gewandhauses, unweit vom berühmten »Kaffeebaum« der Davidsbündler Robert Schumanns, wo der Tonsetzer der Suada Richard Wagners schweigend zuhörte, oder wo er einträchtig mit dem schweigenden Friedrich Hebbel zusammensaß. Universitätsstadt, Musikstadt, Bücherstadt Leipzig. Ein paar Schritte bis zu Auerbachs Keller, wo der Teufel den Leipziger Studenten den Höllentrank servierte.

Von alledem war heute kaum etwas spürbar. Vielleicht irrte ich mich. Leipzig war stets ein »offenes Geheimnis«, in dem Verstande, daß sich hinter der Offenheit das Geheimnis verbarg. Es begann schon mit der Anreise von der Autobahn her. Nichts schien die Nähe einer großen Stadt anzukündigen. Plötzlich war man da.

Diesmal schien es anders zu sein. Man hatte die noch erhaltenen schönen Häuser in der Nähe des Marktplatzes (wo der Mörder Woyzeck hingerichtet wurde) sorgfältig restauriert. Doch überall dort, wo neu gebaut werden mußte, dominierten die Messebauten, Informationshäuser, Pressezentren. Berechtigt gewiß, auch viel moderner als der Weisheitszahn. Hier waren andere Akzente gesetzt worden für Leipzig. Es gab aber *zwei Stadtansichten*, denn die vielen Buchläden – gleichfalls im Zentrum – ließen sich nicht so leicht vom Weltniveau beeindrucken.

Fast alle Gespräche blieben vertraut: im Tonfall wie im Ausdruck. Beredt waren sie nach wie vor, die Leipziger. Vater Goethe wußte, warum Johann Wolfgang nach Leipzig reisen mußte. Nicht um den sächsischen Dialekt zu lernen, sondern das richtige Deutsch und die klassische Rhetorik. Der Sohn hat es gewußt, in all seinem Leipziger Unglück. Er hat hier gelernt. Wenn auch nicht gerade beim Professor Gottsched.

Dann ging es zurück, an einem Samstag, nach Brandenburg. Die berühmte Strecke über Jüterbog, wo Michael Kohlhaas agiert hat, und wo die Kirchenspaltung begann: als der Kurfürst von Sachsen dem in Jüterbog kassierenden Ablaßkaufmann Tetzel die Einreise verbot. Das

Geld, das Tetzel für Rechnung eines Hohenzollern erpredigte, sollte in sächsischen Landen bleiben.

In *Berlin*, Hauptstadt der DDR, wurde ich in dem großen neuen Hotel mit Weltniveau untergebracht. Das Deutsche Theater als Gastgeber hatte fürsorglich erwirkt, daß ich ein kleines Appartement hoch oben erhielt. Der faszinierende Blick auf die Städte Berlin bewirkte abermals, mit Kleist zu sprechen, einige »Verwirrung der Gefühle«. Da lag sie nun wieder, die große Stadt. Deutschlands Weltstadt, nach wie vor. »Auferstanden aus Ruinen«. So hatte Becher gedichtet. Für ihn hatte es noch das »deutsche Vaterland« gegeben, das sein Protektor Ulbricht ignorieren wollte. Becher war Bayer und deutscher Patriot. Er hatte sich im August 1948 geweigert, zum »Internationalen Kongreß für die Verteidigung der Kultur« nach Breslau zu reisen. Weil man nach Wrocław zu reisen hatte.

Mit dem Hotel kam ich gut zurecht. Ich kannte die großen Herbergen von Manhattan oder Chicago. Das angeschminkte Lächeln der amerikanischen Beherbergungsagenten fehlte in Ostberlin, aber ich habe auch nichts gemerkt von der befürchteten Muffigkeit und Indolenz einer Funktionärsgesinnung, der keine Beschwerde etwas anhaben kann, weil es nicht die amerikanische Formel gab: »You are fired!«

Der Aufzug im Leipziger Hotel International war romantisch-geheimnisvoll gewesen. Auch die vielen und überschnellen Elevators hier in Berlin waren geheimnisvoll und romantisch. Automaten im Sinne des Kammergerichtsrats Hoffmann. Traumatisch: ganz wie in der Park oder Lexington Avenue zu Manhatten. Hier in Berlin mit der Strafverschärfung, daß Manhattan nicht besonders gut funktionierte. An jenem Samstagabend, als man spät abends rätselhafterweise ganze Scharen von offenbar russischen Touristen aus den Zimmern und zur Weiterfahrt in Omnibusse trieb, gelang es nur mit Mühe, aufs Zimmer zu gelangen. Der Fahrstuhl fuhr entweder zu hoch oder nicht hoch genug. Ein freundlicher Hoteldiener half mir schließlich. Ganz ohne Verachtung.

Sonntagsmatinee in – weiland – Max Reinhardts Deutschem Theater in der Schumannstraße. Man hatte mich um einen Vortrag gebeten, der mit Rezitationen verbunden sein müsse. Dies war, im Gegensatz zu Leipzig, wo es überall nur geladene Gäste geben durfte, eine öffentliche Veranstaltung des Theaters mit Kartenverkauf. Alles längst ausverkauft, wie man mir sogleich im Theater mitteilte. Eine Rede über Brecht, die ich anbot, wehrte man ab. Alle waren übersättigt von den vor kurzem abgehaltenen Veranstaltungen zum 90. Geburtstag des Stückeschreibers.

Dann hatte ich angeboten, einen Text über Shakespeares böse Komödie »Troilus und Cressida« zu wiederholen, den ich 1986 in den Münchner Kammerspielen vorgetragen hatte. »Ein Leben mit Troilus und Cressida. Unser Trojanischer Krieg.« Shakespeare in meiner Lebenszeit und als Denkspiel für unsere Gegenwart. Damit war man einverstanden. Zwei Sprecher aus dem Ensemble wirkten mit. Texte von Shakespeare, Goethe, Gustav Landauer und Brecht. Der Trojanische Krieg: verstanden als das idealtypische Modell aller späteren Gemetzel.

Dann habe ich auf dieser wundersamen Bühne gestanden: gezerrt zwischen Sorge und Freude. Ein glückhafter Augenblick des Lebens. Wie oft war ich hier unten gewesen im Parkett, oder hoch oben als Student. Wie viele Bilder und Bühnenbilder. Bei mir, in meinem Bewußtsein, war jetzt der einstige Herr dieses Hauses, der tote Wolfgang Langhoff. Ihm widmete ich unsere Veranstaltung, und sagte es auch zur Einführung.

Ein Schauspieler des Deutschen Theaters, damals einer der Hörer im Leipziger Hörsaal 40, durfte mich mit dem Wagen nach Westberlin fahren. Auch seine Frau war privilegiert. Nach der Matinee gab es noch ein Mittagessen der Theaterleitung. Freude über den Gast und eine offenbar gelungene Veranstaltung. Dann brachten mich die Freunde zum Flugplatz Tegel. Man passierte den »richtigen« Kontrollpunkt. Alles ging schnell. Die Emotionen wurden, wie üblich, im seelischen Kühlschrank untergebracht. Zu viele. Später wurden sie aufgetaut. Dankbarkeit und Freude. Darunter aber blieb – hartnäckig – die Dissonanz. Das h-moll unter dem C-dur. Wie bei Richard Strauss im Zarathustra.

»München leuchtete« Über Thomas Mann und München

Für Golo Mann

Es ist abermals wie bei der »Lore-Ley« von Heinrich Heine. Ich weiß nicht, was soll es bedeuten. Das kennt und singt jeder und verbindet damit keinen Dichternamen, schon gar nicht den des eigentlichen Verfassers. Im Dritten Reich blieb die so herrlich traurige kleine Ballade in den Liederbüchern, gleichsam im Giftschrank. »Unbekannter Dichter«. Der Text hatte sich losgemacht von Heinrich Heine. So wie das Lied vom Guten Kameraden, das längst nicht mehr von Uhland ist.

»München leuchtet.« Das kennt man, es ist ein Markenzeichen, und bisweilen, an schönen frühherbstlichen Sonnentagen, stimmt es auch: dann gibt es in der Tat so etwas wie Italianità an der Isar. München leuchtet eben. Das weiß man. Sogar die Satire weiß es, und sie weiß es besser. Gerhard Polt und die Seinen. Übrigens, wer hat das zuerst gesagt: das vom leuchtenden München?

»München leuchtete. Über den festlichen Plätzen und weißen Säulentempeln, den antikisierenden Monumenten und Barockkirchen, den springenden Brunnen, Palästen und Gartenanlagen der Residenz spannte sich strahlend ein Himmel von blauer Seide, und ihre breiten und lichten, umgrünten und wohlberechneten Perspektiven lagen in dem Sonnendunst eines ersten schönen Junitages.«

Der Standort dieses Zitats ist kein Geheimnis. So begann (und beginnt) Thomas Manns Erzählung »Gladius Dei« aus dem Jahre 1902.

Geburtstag Thomas Manns also wieder einmal. Der sechste Juni. Ihn hat er ein Leben lang geliebt, und sich etwas auf die Jahreszeit zugute getan. Auch der deutsche Tonsetzer Adrian Leverkühn, ein Faustus im Zwanzigsten Jahrhundert, kam zur Welt um jene Zeit des Jahres: als der Lindenbaum im elterlichen Hof in Blüte stand. »Autobiographie ist's immer«, läßt der Erzähler seinen Goethe sagen in dem Roman »Lotte in Weimar«. In Thomas Manns Tagebüchern wird der Bericht über den Tagesablauf an einem sechsten Juni stets ausführlich, fast zärtlich gehalten.

Eine Geschichte also, die vom Schwert Gottes über der leuchtenden Stadt berichtet. Abermals hat sie mit dem realen Ich des Erzählers zu tun. Bei Thomas Mann gibt es kein Ungefähr. Der frühe Junitag gehört zur Geschichte.

Eine Erzählung im angemessenen Imperfekt. München leuchtete. Der weiß-blaue Himmel spannte sich. Die wohlberechneten Perspektiven lagen in der Junisonne. Das epische Handwerk wurde auch hier praktiziert. Der Erzähler sei ein »raunender Beschwörer des Imperfekts«, heißt es im »Vorsatz« zum »Zauberberg«.

München leuchtete oder München leuchtet: das ist zweierlei. Die Gegenwartsform meint das Glück des erfüllten Augenblicks. Eine Lust, die Ewigkeit will, mit Nietzsche zu reden, der hier durchaus zur Sache gehört. Das Imperfekt hingegen, »München leuchtete«, raunt in der Tat ungute Beschwörungen. Man ist auf der Suche nach einer verlorenen Zeit. »Gladius Dei« ist, allem Leuchten zum Trotz, eine ungute Geschichte. Sie war damals, im Jahre 1902, nur eine Skizze, die Späteres und Größeres ankündigen sollte, und auch bewirkt hat. Im Keim jedoch war hier alle Lebenskonstellation des Erzählers Thomas Mann bereits gemeint. Freilich muß man genau lesen, und man muß alles Spätere kennen. Das ist dem heutigen Leser möglich. Jean-Paul Sartre hat schnöde erklärt:

mit den Toten habe man keine Schwierigkeiten. Man kenne ihre Werke, und man wisse, wie es mit ihnen zu Ende ging.

Die *Zeit* also: Früher Juni. Der *Ort*: »Aber dort oben am Odeonsplatz, angesichts der gewaltigen Loggia, vor der sich die geräumige Mosaikfläche ausbreitet und schräg gegenüber dem Palast des Regenten drängen sich die Leute ...« Später in der Geschichte, als der heilig-unheilige »Held« der Krise entgegenstrebt, heißt es, mit wenig, doch sorgfältig veränderter Diktion: »Er sah auf der Mosaikfläche vor der großen Loggia die Eitelkeiten der Welt, die Maskenkostüme der Künstlerfeste ...« Stets wird von der Großen Loggia gesprochen, nicht von der Feldherrnhalle. Dieser asketische Außenseiter und Spielverderber, für den nichts leuchtet an diesem Junimorgen, der »Gladius Dei super terram ...« herabbeschwört, meint nicht bloß dies italianisierende München der einstigen Mönche, sondern wirklich die Große Loggia zu Florenz: das Modell für alle Renaissancebegeisterung an der Isar.

Wieder einmal die deutsche und die italienische Welt. Der Vitalismus angeblicher Renaissance und die deutsch-protestantische innerweltliche Askese.

Seinen Zeloten hat Thomas Mann

ebenso humoristisch wie liebevoll behandelt. Da herrscht ein geheimes Einverständnis: nicht mit den Münchener Festivitäten einer epigonalen Renaissance, sondern mit dem Außenseitertum eines, der innig begehrt, nicht schuld daran zu sein.

Natürlich ist die Erzählung »Gladius Dei« eine Vorstudie zu Thomas Manns einzigem Schauspiel *»Fiorenza«* von 1904. Der Spielverderber in der Erzählung wird genau so beschrieben wie später der Prior von San Marco zu Florenz, Girolamo Savonarola, der auf die Warnung: »Das Feuer, das du entfachst, wird dich zerstören ...« bloß antworten kann: »Ich liebe das Feuer.«

In beiden Fällen die *äußerste Absage an das Leuchten* und an die erfüllten Augenblicke: bei dem scheinbar bloß prüden und verklemmten Sonderling in der Nähe der Münchner Großen Loggia, *und* bei dem großen Savonarola, dem es immerhin gelang, die Medici aus dem leuchtenden Florenz zu vertreiben.

»München leuchtete ...«: das erweist sich als Mißbilligung. Absage folglich, aus welchen Gründen immer, an Italien wie an nördliche Italianità. Absage an die echte wie an die nachgemachte Renaissance.

Ein Jahr nach der Skizze »Gladius Dei«, nunmehr im Jahre 1903, gibt *Tonio Kröger* eine ausführliche Begründung. Im berühmten Kunstgespräch der Erzählung, die seinen Namen trägt. »Tonio Kröger«. Sie war vermutlich das erste Buch Thomas Manns, das zu Beginn unseres Jahrhunderts die damalige Jugend des Wandervogels, der freien Schulgemeinden, eines frühen und noch echten Expressionismus, berühren und insgeheim bestätigen sollte. Jene jungen Menschen mit dem Lebensgefühl »Wir sind jung, und das ist schön ...«, die jubelnd in die Schlacht um Langemarck, den Tod also, ziehen sollten. Im »Doktor Faustus« hat der Verfasser des »Tonio Kröger« ihre Debatten nacherzählt, zugleich aber auch in eine Todesperspektive gerückt.

Alle Ästhetik Tonio Krögers war damals nämlich *gleichzeitig* im dialektischen Verstande. Die Absage Krögers an Italianità und epigonale Florentinerei war abhold allem Gerede von bellezza. Die expressionistische Kunstlehre des deformierten Menschen, sich berufend auf den Isenheimer Altar, auf Hieronymus Bosch und El Greco, verstand sich nicht allein als Entrüstung über Künstlerfeste im Makartstil, sondern über eine Lebensführung, die nichts begehrt, als das »Leuchten« des erfüllten Augenblicks.

Merkwürdig aber: so sehr die Ästhetik Tonio Krögers wie eine Vorwegnahme der Leute vom »Blauen Reiter« anmuten mag, also wiederum einer münchnerischen Konstellation, so entschieden fühlte sich Thomas Mann abgestoßen von ihrem Treiben und ihren Doktrinen.

Thomas Mann und München: hier hat diese sonderbare Dialektik ihren Ursprung. Sie bestimmte nicht bloß die Münchener Jahre, sondern das ganze Leben. Folglich auch das ganze Werk: vom »Tonio Kröger« bis zum »Doktor Faustus«. Gladius Dei, Fiorenza, Tonio Kröger: es ist der stets selbe schmerzhafte Konflikt. Eine Identitätssuche mit Hilfe von Negationen.

Seine russische Freundin, Lisaweta Iwanowna, fragt bei der Teestunde, die Krisensitzung bedeutet, um ein paar Repliken hervorzulocken, etwas beiläufig: »Nun, wie denn, Väterchen, geruhen Sie wieder nach Italien zu fahren?«

Natürlich muß es eine – exilierte – Russin sein, der sich Kröger zu offenbaren wagt. Die mütterliche Freundin, eine Vorform zur späteren, ambivalenten Beziehung Castorps zur

Madame Chauchat. Lisaweta ist aber auch *eine Art Göttin*, der man beichten darf: die *Göttin der »heiligen russischen Literatur«*, wie sie Thomas Mann später preisen sollte. Sie ist Tolstoi und Turgenjew und Tschechow. Ihr war folglich, dieser Göttin ohne ein Reich, der abermals exilierten Welt russischer Erzähler aus dem 19. Jahrhundert, Thomas Manns vorletzter, abschiednehmender Essay von 1954 gewidmet, der »Versuch über Tschechow«. Geschrieben fast fünfzig Jahre nach dem »Tonio Kröger«, und immer noch mit einer nahezu unveränderten Konstellation.

Die Frage nach der vielleicht geplanten Italienreise bewirkt einen Ausbruch. Lisaweta Iwanowna dürfte es gewußt und gewollt haben.

»Gott, gehen Sie mir doch mit Italien, Lisaweta! Italien ist mir bis zur Verachtung gleichgültig! Das ist lange her, daß ich mir einbildete, dorthin zu gehören. Kunst, nicht wahr? Sammetblauer Himmel, heißer Wein und süße Sinnlichkeit... Kurzum, ich mag das nicht. Ich verzichte. Die ganze bellezza macht mich nervös. Ich mag auch alle diese fürchterlich lebhaften Menschen dort unten mit dem schwarzen Tierblick nicht leiden. Diese Romanen haben kein Gewissen in den Augen...

Nein, ich gehe nun ein bißchen nach Dänemark.«

Das geht schief, wie zu erwarten war. Der Erzähler scheint zu grinsen, wenn er zu berichten hat: »Und Tonio Kröger landete in Dänemark.« Auf der nächsten Seite wird berichtet: »Es litt ihn nicht lange in der munteren Stadt. Eine Unruhe, süß und töricht, Erinnerung halb und halb Erwartung, bewegte ihn...« Also weder Florenz noch Kopenhagen.

Wie also? Unruhe erfüllte ihn, den Tonio Kröger, in Kopenhagen, der Stadt Sören Kierkegaards und Hans Christian Andersens. »Süß und töricht. Erinnerung halb und halb Erwartung...« Etwa nach Italien? Dann hätte Lisaweta Iwanowna doch recht gehabt. Dänemark war Flucht gewesen und Ausflucht. Soll man hier nicht bereits, fast ein Jahrzehnt zu früh, von einem *Aschenbach-Syndrom* sprechen? Noch nicht fixiert an den Lido, sondern immer noch an die Große Loggia zu Florenz? Wenn nicht gar an ein noch südlicheres Städtchen mit Namen *Palestrina*?

Auftritt Heinrich Mann. Dies war sein Stichwort. Das Stichwort *Palestrina.* Name eines kleinen mittelitalienischen Städtchens unweit von Rom. Geburtsort des späteren päpstlichen Kapellmeisters Giovanni Pierluigi da Palestrina. Dort gibt es auch ein bißchen Renaissance, verbunden mit dem berühmten Römernamen Barberini. Übrigens auf dem heidnischen Fundament eines Tempels der Fortuna, der Glücksgöttin.

Hier gehört alles zur Sache: auch zur Großen Loggia in München, wenngleich deren Vorbild in der Toscana zu finden ist, nicht im Bereich des einstigen Kirchenstaates. Lebens- und Werksgeschichte der *beiden Brüder*, Heinrich wie Thomas, führen unabweislich immer wieder zurück zum Städtchen Palestrina, oder auch von ihm fort. Zwei junge Bürgersöhne aus gutem Hause, Hanseaten überdies, hatten sich in der Mitte des letzten Jahrzehnts eines eminent bürgerlichen neunzehnten Jahrhunderts für eine gute Weile hier niedergelassen: in Palestrina. Der Vater war tot, die Erbschaft geringer als erwartet, aber vorerst noch ausreichend, um nicht mehr als Buddenbrooks leben zu müssen. Bürger werden Künstler, aber doch nicht so recht, wie beide wissen: Thomas und Heinrich. Noch stehen sie einander ungemein nahe: aus der Not, gemeinsam auszubrechen aus der lübischen Tradition. Was beiden nicht gelingen sollte.

Hier in Palestrina trennen sich die Wege.

Das haben beide vorerst nicht so recht gewußt. Noch bis zum Jahre 1901, also bis zum Erscheinen der »Buddenbrooks«, scheint die brüderliche Symbiose gedauert zu haben. Darauf deuten die vertrauensvollen Konfessionen des jüngeren Bruders hin. Heinrichs Briefe gelten als verloren.

Dennoch muß es bereits in Palestrina, wohl um das Jahr 1897, zur Kampfansage gekommen sein. Heinrich war Jahrgang 1871, Thomas vier Jahre jünger. In einem Briefentwurf Heinrichs an den Bruder aus der Zeit der großen politisch-literarischen Auseinandersetzung während des Ersten Weltkriegs, geschrieben hier in München und für einen Adressaten in München bestimmt (der Brief wurde dann nicht abgeschickt und blieb so als Entwurf erhalten), schreibt Heinrich: » ›In inimicos‹ sagtest Du. 22jährig am Klavier sitzend in via Argentina trenta quattro, nach rückwärts gewandt an mich. So ist es geblieben für Dich, ... Bezieh nicht länger mein Leben und Handeln auf Dich, es gilt nicht Dir, u. wäre ohne Dich wörtlich dasselbe.«

Das war im Winter 1897/8, und in Rom, Via Torre Argentina 34. »In inimicos«: da hat sich der von Jugend auf für Friedrich Schiller begeisterte Bruder Thomas, der im »Tonio Kröger« die Liebe zum Schulfreund Hans Hansen mit der Liebe zum »Don Carlos« verbinden möchte, eine Paraphrase des berühmten »In tyrannos« ausgedacht. Wider die Feinde. Wer aber sind sie? Heinrich muß sich damals bereits als Adressat empfunden haben.

Beim brüderlichen Künstlerleben wurden die Lebensentscheidungen getroffen. Nicht bloß für die Literatur. Die stand seit langem fest. *Wohl aber für die Trennung.* Keine Gebrüder Grimm, oder Brüder Goncourt. Sondern Feindschaft? So wird man es wohl heute sehen müssen.

Thomas Mann scheint den Bruch, den er offensichtlich provoziert hat, bereits in Palestrina, weil er ihn brauchte, um weiterarbeiten zu können, wie Heinrich verstanden hat, als schwere Entscheidung und Last verspürt zu haben. Von Palestrina kam er nicht los. Seine tiefe Sympathie, auf dem Höhepunkt der brüderlichen Feindschaft im Krieg, für den *»Palestrina« von Hans Pfitzner«*, die ihn später in München, als leidvolle Unordnung, so teuer zu stehen kam, galt vielleicht nicht bloß dem Komponisten der Messe für Papst Marcellus, sondern der eigenen Jugend im Geburtsstädtchen des Komponisten. Ein anderer Komponist, inspiriert nicht durch die Stimmen der toten katholischen Meister, sondern durch Teufelswerk, der deutsche Tonsetzer Adrian Leverkühn, führt sein febriles und doch hellsichtiges Teufelsgespräch über Kunst und Leben »ausgerechnet« im Städtchen Palestrina. Ein Teufels- und Seelenpakt stipuliert in Palestrina die Hinwendung zu einer Kunst der Endzeit. Einer Kunst ohne menschlichen Bezug. Mit keinem Lebewesen auf Du und Du. Wenngleich die Sehnsucht blieb zu dem anderen: der Ode an die Freude und der humanen Hierarchie aller Sympathiegefühle.

Was *Jürgen Habermas* eine »Theorie des kommunikativen Handelns« genannt hat, wozu auch die Kunst gehört, das negiert der deutsche und musikalische Doktor Faustus aus existentieller Entscheidung.

Heinrich Mann traf damals in Palestrina vermutlich die entgegengesetzte Dezision. Kunst möge hineinwirken ins Leben, um es, durch Kunst, wenn nicht gar *zur Kunst*, zu verändern. Wozu alles gehören sollte, was Tonio Kröger tief zuwider geworden war: seit dem Leben in Palestrina. Nämlich: »Kunst…, Sammetblauer Himmel, heißer Sand und süße Sinnlichkeit…« All dies gehörte jedoch, bis etwa zum Abschluß des Romans »Die kleine Stadt«, der 1909 erschien, zur Substanz der wichtigsten Erzählwerke von Heinrich Mann. Die Literaturwissenschaft hat Erzählungen der Sammlung »Flöten und Dolche« schlechthin als »Renaissance-Novellen« charakterisiert: wobei nicht der jeweilige Stoff gemeint war, sondern eine spezifische Mischung des Vitalismus und des Erotismus. Renaissancehaft empfunden war, vom Autor her gesehen, ebenso ein Roman wie die »Jagd nach Liebe«, der den Bruder Thomas anekeln sollte, und nicht minder die epische Trilogie von den Liebesabenteuern der Herzogin von Assy. Mit dem Titel »Die Göttinnen«.

»Gladius Dei«, also das leuchtende, künstlich und durch Künstler nach Italien und in die Vergangenheit transportierte München, das den namenlosen deutschen Savonarola zur Anrufung himmlischer Rache veranlaßt; das Schauspiel »Fiorenza«; Tonio Krögers Ausweichen nach Dänemark: *alles richtet sich gegen die Heinrich-Welt*. Der Kampf begann im Städtchen Palestrina.

Heinrich Mann antwortete dem Tonio Kröger mit seinem Roman »Die kleine Stadt«, vielleicht seinem bedeutendsten Erzählwerk vor dem »Untertan«. *Die kleine Stadt aber ist* Palestrina, auch wenn es nicht gesagt wird. Sie praktiziert, in diesem Erzählwerk, die Veränderung des Lebens durch Kunst. Durch eine Kunst im Dienste menschlicher Kommunikationen.

Tonio Kröger postulierte die Trennung aller Kunst von den »Wonnen der Gewöhnlichkeit«: nicht ohne Sehnsucht nach solchen vulgären Beglückungen. Stolz und einsam: nach dem antibürgerlichen Artistencredo seit Baudelaire. Die Operntruppe hingegen in der kleinen italienischen Stadt praktiziert, in Heinrich Manns Roman, mit Adrian Leverkühn zu reden, eine Kunst »mit der Menschheit auf Du und Du«.

Aber hatte nicht gerade Thomas Mann in der *»Königlichen Hoheit«*, die im selben Jahr 1909 erschien wie Heinrichs »Kleine Stadt«, den Bruder Heinrich als Großherzog dargestellt, der einsam und fern aller menschlichen Kommunikation zu leben gedenkt? Während der jüngere Bruder, Prinz Klaus Heinrich, die schöne Utopie des höfisch-bürgerlichen Kompromisses zu leben beschließt? Also strenges Glück der menschlichen Bindung und Verantwortung? Merkwürdiger Fall! Heinrich ärgerte sich über den »Großherzog« in der »Königlichen Hoheit«. Auch der Autor selbst kam von Zweifeln nicht los. Er sprach von einer Komödie in Erzählform, irgendwann sogar von einer Operette. Gemeint war das falsch-utopische Element eines höfisch-bürgerlichen Kompromisses im frühen 20. Jahrhundert, also nicht im 18., wo es so viele adlige Verkünder bürgerlicher Lebensauffassung im Sturm und Drang gegeben hatte: den Grafen Egmont, den Marquis Posa beispielsweise.

Thomas Mann freilich meinte nicht den Kompromiß zwischen dem Junker- und Leutnantsideal einerseits, den deutschen Bürgern zum anderen. Zwischen denen gab es keinen zornig erkämpften Kompromiß mehr. Der Bourgeois hatte längst, als Untertan, kapituliert vor dem Glanz wilhelminischer Abenteuer. Diederich Hessling, Papierfabrikant aus Netzig, der »Untertan« also, war ungemein gleichzeitiger als das Operettenglück zwischen der amerikanischen Milliardärstochter und dem Prinzen Klaus Heinrich in »Königliche Hoheit«. Thomas Mann hat es gewußt. Einem Heinrich Mann, der sich losgesagt hatte von aller nietzschisierenden Renaissancegesinnung, um sich, gleich den Expressionisten unter seinen Münchner Freunden, dem häßlichen und bürgerlichen Deutschen »Leuchten« zu widmen, hatte er als Erzähler der eigenen Gesellschaft und Zeit wenig entgegenzusetzen.

Das macht: Thomas Manns Impulse,

Vorlieben und Allergien sind stets *»personalisiert«*. Wie erwähnt: Autobiographie ist's immer. Gemeint war überhaupt keine Darstellung eines realen Deutschland in diesem zweiten Roman seit den »Buddenbrooks«, sondern die Liebes- und Ehegeschichte des Autors und der jungen Jüdin Katia Pringsheim. Was nicht ausschloß, daß sich der Prinz Klaus Heinrich, mit den Vornamen der beiden Brüder Klaus Pringsheim und Heinrich Mann, die auch Vornamen von Klaus Mann werden sollten, jäh verwandeln konnte in den ungeliebten »Goi« von Bekkerrath aus dem »Wälsungenblut«.

Es hat nichts mit Demontage zu tun, sondern mit dem Verstehenwollen bedeutender Literaturwerke, wenn behauptet wird, daß Thomas Manns personalisierte Abneigung tief eindringen sollte in sein erzählerisches Werk. Das gilt sowohl für das *Verhältnis zu den Juden* wie für seine Reaktion auf eine gegenbürgerliche Ideologie und Literatur bis zum Ende des Kaiserreichs im November 1918. Hier liegt nicht in koketter Untertreibung, sondern in richtiger Selbstdarstellung, die Wurzel des *»Unpolitischen«*.

Bis in die späte Lebenszeit hinein weisen Thomas Manns Tagebücher die erstaunlichsten Animositäten auf, wenn über Begegnungen mit Juden und Jüdischem berichtet werden muß. Liest man genauer, so wird man diesen gereizten scheinbaren Antisemitismus, der immerhin manifest ist im »Wälsungenblut« wie später noch in der Teufelsfigur des jüdischen Impresario Fitelberg, wesentlich harmloser, wenngleich nicht erfreulicher beurteilen können. Animosität gegen Juden bei Thomas Mann: das meint immer wieder die *lieben Schwiegereltern Pringsheim* und die Ihren. *Und* sie meint die jüdischen Literaten unter Bruder Heinrichs Freunden, den Arthur Holitscher beispielsweise und besonders den gehaßten *Wilhelm Herzog*: immerhin den verdienstvollen Herausgeber der Werke Heinrich von Kleists. Sie alle hielten Heinrich für den bedeutenderen Schriftsteller. Das mußte ihnen bös angerechnet werden.

Hier müßte genauer begründet werden, warum in einer solchen gesellschaftlichen und literarischen Konstellation im Vorkriegsmünchen der ältere Bruder Heinrich zum Kristallisationspunkt aller damals neuen und kühnen Kunstgesinnung werden konnte, von Wedekind bis zum »Blauen Reiter«, während Thomas Mann sich mit konservativen Eigenbrötlern einließ, deren Namen vergessen sind, und die ihn später nahezu alle, als es um sein

Leben ging, verleugnen sollten. Pfitzner wurde zum Feind. Die lange, vielgelobte Freundschaft mit Bruno Walter, der den »Palestrina« zuerst aufführte, war keine. Als es im Jahre 1954 darum ging, Gelegenheitsarbeiten auszusuchen für eine erste Gesamtausgabe, wollte Thomas Mann den einstigen Geburtstagsgruß für den Dirigentenfreund aus den Tagen der Poschingerstraße nicht aufgenommen wissen...

Heinrich Mann scheint es immer gewußt zu haben. Er verabscheute für sich selbst das Prinzip »Autobiographie ist's immer«. Erst in der Figur des guten Königs Henri Quatre scheint er ein bißchen Freude an der Anverwandlung empfunden zu haben. Daß aber Bruder Thomas nur in der entgegengesetzten Weise zu arbeiten imstande war, nämlich durch Anverwandlung, verfiel bei Heinrich, während der großen politischen Krise mitten im Weltkrieg, der moralischen Verurteilung.

In einem Briefentwurf vom 5. Januar 1918, den Heinrich dann nicht abschickte, stehen solche Sätze: »Die Unfähigkeit, ein fremdes Leben ernst zu nehmen, bringt schließlich Ungeheuerlichkeiten hervor... Die Stunde kommt, ich will es hoffen, in der Du Menschen erblickst, nicht Schatten, u. dann auch mich.«

Ein Roman Heinrich Manns aus den Zwanziger Jahren trägt den Titel »Ein ernstes Leben«. Aber da hatten sich die Brüder schon wieder einander genähert. Was zugleich hieß, daß sie sich, in durchaus divergierender Weise, der Münchner Welt eines offenbar Erwachenden Deutschland entfremden mußten.

Beide standen als Verlierer da, als der Krieg aus war. Heinrichs Enttäuschung über eine deutsche Republik, die keine war, wie sich zeigen sollte, wurde verdoppelt durch sein Entsetzen über französische Sieger, die nicht aussahen wie Zola oder Jaurès, sondern Clemenceau hießen oder Raymond Poincaré: nicht Aufklärer, sondern Imperialisten, denen es nicht um Menschenrechte ging, sondern um das Saar- und das Ruhrgebiet.

Thomas war schlimmer dran. Er hatte seine Stoffe eingebüßt, und seine Anverwandlungen. Was sollte jetzt der Hochstapler Krull? Oder die satirische Schilderung eines luxuriösen und kommerziellen Sterbens in Davos als boshafter Abgesang auf den romantischen Tod im romantischen Venedig? Klaus Mann hat später in seinen Erinnerungen den Konflikt richtig gedeutet. Realer war nunmehr, im veränderten München, einfach das Nächste. Vorerst einmal der Hund Bauschan. Der »Zauberberg« mußte warten. Man traute ihm nichts mehr zu. Man schrieb über »Herr und Hund«. Es wurde die Geschichte einer Entfremdung.

Auch das München der ufer- und bodenlosen Inflation muß geleuchtet haben. Aber das erfährt man weit eher aus dem »Wendepunkt« von Klaus Mann, als aus der scheinbar so akribisch um Münchner Wirklichkeiten bemühten Geschichte *»Unordnung und Frühes Leid«*.

Sie freilich konnte erst »buchenswert« gemacht werden, als alles bereits verändert war. Im Jahre 1928, vier Jahre nach dem »Zauberberg«, und ein Jahr vor dem Nobelpreis. Scheinbar eine hübsche Geschichte, auch hübsch aufgemacht dank der Mitwirkung des Malers und Bühnenbildners Karl Walser, des Bruders von *Robert Walser*, den Thomas Mann kaum beachtet zu haben scheint: so wie er in jenen Zwanziger Jahren auch von Marcel Proust erst als von einem Hörensagen erfuhr, und auf Kafka erst durch den bewunderten Vortragskünstler Ludwig Hardt hingewiesen werden mußte. Übrigens wurden solche Bildungslücken geschlossen. In den späten Tagebüchern versucht Thomas Mann das eigene Werk immer wieder durch Vergleichung mit Marcel Proust zu rechtfertigen.

Die hübsche Geschichte aber vom frühen Leid des Kindchens im Haus in der Poschingerstraße, der Tochter Elisabeth also, ist eine durchaus ungute Affäre. In sonderbar fahler Beleuchtung, denn es ist über ein abendliches Fest zu berichten, im Lichterglanz einer noblen Villa, geht es wieder einmal um das Markenzeichen »München leuchtete«, und um den einsamen Spielverderber.

Raunende Beschwörung im Imperfekt. Ärmliche Misere, die großbürgerlich tun muß. Das wertlose Geld *und* die unschätzbaren Dollars haben die anderen: denen München allen Genuß liefert. Junge Leute, alle ein bißchen vom Schlage des Felix Krull. Alles ist käuflich und abschätzbar. Alles ist Gegenwart.

Der Spielverderber jedoch heißt *Cornelius* und ist ein Historiker an der Universität. Spezialität: *spanisches* Leben im Zeichen der Gegenreformation unter Philipp II. *Die Inquisition als Gladius Dei super terram.* Für den Professor Cornelius hat Spanien eine ähnliche Funktion wie Dänemark, fünfundzwanzig Jahre früher, für Tonio Kröger.

Thomas Manns Erzählungen aus den Zwanziger Jahren, vor wie nach dem »Zauberberg« und vor Beginn der Arbeit an den Joseph-Romanen, gehören insgeheim zusammen: man sollte sie gleichsam als Fortsetzungen lesen. *Sie alle haben mit München zu tun.* Das nun wieder im »Zauberberg« fast planmäßig ausgespart wurde. Im »Berghof« führen die Norddeutschen das mehr oder weniger große Wort.

Das schönste Zeugnis einer Verbundenheit mit der Isarlandschaft findet sich in der nach wie vor unterschätzten Erzählung *»Herr und Hund«*. Hier leuchtet die Natur: fernab von aller städtischer Illumination. Allein sogar an der Isar gibt es auch immer noch das ganz Andere: »Teergeruch, Wasserwind – und dumpf plantscht es gegen das Holz der Kähne. Was will ich mehr? Manchmal kommt eine andere heimatliche Erinnerung mich an: das Wasser steht tief, es riecht etwas faulig – das ist die Lagune, das ist Venedig.« Auch Gustav von Aschenbach war von München aufgebrochen an die Lagune. Der Tod als Trachtler hatte zugeschaut.

Trotzdem gab es Entfremdung, fast Verrat zwischen Herr und Hund. Der Schluß der Erzählung aus dem Jahre 1918, geschrieben vor dem Entschluß zum »Zauberberg«, sinniert über Zeit, Vergessen und Geschichte. »Das ist aber schon lange her, mehr als ein halbes Jahr, und es ist damit gegangen wie mit dem klinischen Zwischenfall. Zeit und Vergessen haben es zugedeckt.« Klinischer Zwischenfall zwischen Herr und Hund. Alles ist nun wieder gut. In den »Betrachtungen eines Unpolitischen« aus dem selben Jahr 1918 wurde Eichendorffs »Taugenichts« zitiert, und der Schlußsatz meldete dort bekanntlich: »... und es war alles, alles gut!«

Nichts war gut. Dafür sorgte das Nichtvergessen. Der *»Gesang vom Kindchen«* von 1919, der einzige, durchaus nicht als Parodie zu verkennende Versuch mit einem Erzählen in gebundener Form, in Hexametern, beginnt mit der halbbangen Frage: »Bin ich ein Dichter?« Das kleine Epos endet aber als Sinnieren über Geschichte und Vergehen: als Melancholie.

»Nicht gemein, nicht bösen Willens nenn' ich den Mann mir,
Der, wenn vieles versinkt und grell die Fanfare der Zukunft
Schmettert, auf sie nicht nur lauscht, nicht ganz ausschließlich auf sie nur;

Der auch dem Abgelebten, dem Tode und der
Geschichte
Einige Treue immer bewahrt...«

Das ist immer noch Hans Pfitzners Formel von der *»Sympathie mit dem Tode«*. Geist eines Unpolitischen. Antithese zur »grellen Fanfare der Zukunft«: folglich immer noch zu Heinrich Mann.

Allein im »Zauberberg« erfolgt, wie gleichfalls bekannt, die ausdrückliche, gesperrt gedruckte Absage an jegliche Sympathie mit Tod und Untergang. Zwar nicht im Namen irgendeiner Utopie, sondern um des Lebens und der Liebe willen. Wie immer man das deuten mag.

Nichts war vergessen. Bauschans Geschichte, der Bericht vom Kindchen, homerisch-liebevoll gehalten, erzwang schließlich den Bericht vom Liebesverrat des Kindchens am Vater und Geschichtsprofessor.

Der Schluß von *»Unordnung und Frühes Leid«* wiederholt recht genau den Ausklang der Geschichte von Herr und Hund: als Lob des Vergessens. »Welch ein Glück, denkt er, daß Lethe mit jedem Atemzug dieses Schlummers in ihre kleine Seele strömt, so daß eine Kindernacht zwischen Tag und Tag einen tiefen und breiten Abgrund bildet!«

Sonderbare Reflexionen eines Professors für Geschichte. Cornelius heißt er. Warum wohl? Thomas Mann hat sich stets etwas gerade auch bei den Namen gedacht. Wie bei Tonio Kröger oder Adrian Leverkühn. Warum also der Hinweis entweder auf den Musiker oder Maler des Namens Cornelius.

Es geht um den Maler Peter Cornelius, der wiederum mit München zu tun hatte. Allerdings auch mit *Düsseldorf*. Was diesmal wichtiger war. Das wissen wir jedoch erst als Nachgeborene und Leser der Tagebücher. Um die Zeit seines fünfzigsten Geburtstages hatte es eine erotische Attraktion für Thomas Mann gegeben. Klaus Heuser war der Sohn des Düsseldorfer Direktors der Kunsthochschule. Abermals ein Verfallensein des Älteren, mit Hölderlin zu sprechen, an die »hohe Jugend«. Kein Doppelleben, alle wußten davon. Später, im Zürcher Exil, notiert T. M. im Tagebuch, als ihm der Sohn eines dortigen Verlegers gut gefällt, die Mann-Kinder hätten kritisch angemerkt: Klaus Heuser sei aber doch viel schöner gewesen ...

Es führt ein ebenso gerader wie komplexer Weg von Gustav von Aschenbach zum

Professor Cornelius, und weiter zur *»Betrogenen«*, in der letzten, heftig umstrittenen Erzählung. Zu *Rosalie von Tümmler* also. Auch eine Geschichte des Verfallenseins und der Selbstabdankung. Sie wohnt in Düsseldorf. In der Corneliusstraße. Dort hatten auch die Heusers gewohnt.

Thomas Mann hat niemals, das weiß man heute, irgend etwas Wichtiges wirklich zurückgenommen. Ganz wie Richard Wagner, von dem man es auch erst heute weiß: dank Cosimas Tagebüchern. Sympathie mit dem Tode *und* Absage davon. Absage an Italien *und* Sehnsucht danach am Ufer der Isar. Wirrstes Räsonieren während der Räterepublik, die er als ein riesenhaftes Heinrich-Werk mißversteht. Dann aber eine Aussage, zusammen mit Karl Vossler und Max Weber, die den jüdischen Expressionisten Ernst Toller vor der Exekution bewahrt.

Das Bild eines unholden Italien freilich in *»Mario und der Zauberer«* hat jetzt nichts mehr zu tun mit Bruder Heinrich. Es geht um die Faschisten, und da sind die Brüder sich längst einig geworden.

Thomas Mann und München: das nahm schließlich, wie man weiß, ein arges Ende. Es zeigte sich, *daß er hierzulande immer fremd geblieben war*. Ein Spielverderber und ein Entfremdeter. München leuchtete ihm nicht. Das lag nicht an München, auch nicht am Nobelpreisträger in der Poschingerstraße. Er hatte die Wandlungen nicht wahrhaben wollen. Im Gegensatz zu Lion Feuchtwanger und auch zu Heinrich, die nach Berlin zogen.

So war alles programmiert zu Beginn des Jahres 1933. Die Feinde machten längst keinen Unterschied zwischen Bruder Heinrich, den Kindern Erika und Klaus mit ihrer verhaßten »Pfeffermühle« und dem Autor des nach wie vor vielgeliebten »Tonio Kröger«. Der berüchtigte Protest der »Wagnerstadt München«, die immerhin Richard Wagner wegjagte, hatte überhaupt nichts mit dem realen Adressaten und seiner angeblich verleumderischen Wagnerrede zu tun. Alles war dummes Geschwätz und hatte nichts von Thomas Manns liebevoller Wagnerdeutung verstanden. Man hätte genausogut einen anderen Anlaß erfinden können, um den Spielverderber loszuwerden. Anlässe gab es genug. Man nahm Wagner, weil sich das gut machte innerhalb des braunen Erwachens.

Thomas Mann hat zuerst wohl nichts verstanden. Erst recht nicht, daß es um sein Leben ging. Da hatte er sich mit den mediokren

Honoratioren seit Jahren lieber eingelassen als mit Wedekind, dem Pornographen als mit Heinrich, dem Bolschewisten und Autor des Films vom »Blauen Engel«, als mit Brecht, mit Feuchtwanger, so vielen anderen. *Nun aber unterschrieben all seine Honoratioren die Ächtung.* Richard Strauß und Hans Pfitzner und Hans Knappertsbusch und alle die anderen. Groteske Motivation im Einzelnen. Genützt hat es schließlich wohl keinem der Unterzeichner, wie sie zu spät erfahren mußten.

Dann das Exil, die Ausbürgerung, der tschechische Paß, der bald wertlos wurde, kühle Aufnahme im offiziellen Zürich. Die wunderbare Rede über den »Ring der Nibelungen« von 1937 findet in einem mäßig besetzten Auditorium statt. Amerika schließlich. Princeton und Los Angeles. Hier wird der »Doktor Faustus« geplant und fertiggeschrieben, trotz schwerer Krankheit.

Im »Faustus« gibt es einmal noch München, zweimal sogar. Die Wandervogeldebatten vor 1914 *und* das überkluge Partygeschwätz der Zwanziger Jahre: beides gehört zusammen, erhellt den Zeitvergang. Viele Geschöpfe einer Endzeit mit gut kenntlichen Münchner Profilen hat der Erzähler aufgeboten. Auch das Barbarische ist ihnen, den Vorläufern der Heutigen, »scho enorm wischtisch«, wie einer von ihnen zu sagen pflegt. Manche der heutigen Nachfolger würden abermals so etwas wie damals, den Protest der Wagnerstadt München, unterschreiben mögen.

Thomas Mann beließ es bei Höflichkeiten. Was er wirklich dachte, war gesagt worden in seiner Antwort an die Frank Thiess und Walter von Molo.

Als »München leuchtete«, zu Beginn dieses bald zu Ende gehenden Jahrhunderts, war das ein Glanz gewesen, der vieles verschwinden machte. Aber es war immer noch da. Beide sollten es erfahren: Heinrich und Thomas Mann. Auch zwischen ihnen blieb es bei Höflichkeiten, die nichts besagten. Heinrich war später wohl der Werbende, doch vergeblich. In den Tagebüchern von 1944 findet sich, ergänzbar durch vieles Ähnliche, die Notiz: »Heinrich, nach einem Anfall von Bronchial-Asthma, in einem Gebirgssanatorium bettlägerig. Denke, seine Natur hat Ressourcen.« (26. VII. 1944).

Ein Jahr später freilich, nach dem siebzigsten Geburtstag, schreibt er an Heinrich, dankt für dessen Geburtstagsessay: »... ein wundervolles Dokument, wo es unser brüderlich-variierendes Verhältnis zum Deutschtum darstellt. Die Prosa ist einzigartig. Ich habe nicht zum erstenmal das Gefühl, daß diese kondensierte und intellektuell federnde Schlichtheit die Sprache der Zukunft, der neuen Welt ist.« Das war aufrichtig gemeint, ganz sicher. Und es stimmt wohl auch.

Fluchtpunkt Zürich
Theatergeschichte als Zeitgeschichte

Für Max Frisch

Nein, es ist mir nicht möglich, für diese Fest- und Gedenkrede in die Rolle des kühl abwägenden Chronisten zu schlüpfen. Dies Zürcher Schauspielhaus unserer Kriegs- und Exiljahre ist ein Teil meines Lebens. Die Schauspieler waren Schicksalsgefährten, und sie haben sich in ihrer großen Mehrheit auch so verhalten. Die hier gespielten Stücke sprachen von unseren Sorgen und Traditionen, von Verrat und Hoffnung. Auch, und gerade wenn sie von Shakespeare waren. Shakespeare aber war das gar nicht geheime, eigentliche Programm zwischen – bereits – 1933 und 1945. In einer einzigen Spielzeit 1933/34 hatte man »Maß für Maß« und »Julius Cäsar«, »Viel Lärm um nichts« und das Horrorspiel vom Dritten Richard aufgeführt. Das Wüten Richard Glosters mag auch in Zürich ähnlich erlebt worden sein wie ein paar Jahre später am Berliner Gendarmenmarkt in Jürgen Fehlings berühmter Inszenierung.

Wir gehörten zusammen, wir Heimatlose, denen man hierzulande nicht überaus gewogen war, denen man schließlich aber doch das Überleben möglich machte. Für mich gibt eben dies auch heute noch, trotz allem, was damals geschah, den Ausschlag.

Doch nun sind sie, das war zu erwarten, alle wieder für mich da und hier im Raum, und wollen mitgefeiert werden. Die Schatten wollen teilhaben am Erinnern der noch Lebenden. Ich habe sie fast alle gekannt: nicht allein von der Bühne her. Nun sehe ich sie wieder, und es ist Freude, an sie zu denken. Die Freundin Therese Giehse, mit der ich elf Jahre nach dem Kriegsende, in München, wo man das nicht allzugern geschehen ließ, eine Gedenkfeier für den toten Bert Brecht veranstalten durfte. Kurt Hirschfeld, der erste Lektor meines Buches über Georg Büchner, der Dramaturg und theoretische Kopf dieser einzigartigen Zürcher Theaterarbeit, die sich, mit ganz wenig Geld und wenig offiziellem Wohlwollen, der scheinbar so glänzenden Bühnenzauberei des Dritten Reiches entgegenstellte.

Sie sind auch wieder da: unsere beiden schweizerischen Garanten und Schützer: der Doktor Oskar Wälterlin und der Doktor Emil Oprecht von der Rämistraße. Er wollte und sollte mein erster Verleger werden. Dann kam der Krieg und machte alles zunichte. »Freund

Oprecht«, so überschrieb Thomas Mann später den Nachruf auf den Verleger seiner Zeitschrift »Maß und Wert«.

Nun ist kein Halten mehr: da purzeln sie übereinander, die Bilder. »Bühnenbilder« in einem besonderen Verstande: Augenblicke im Theater, Rollenbilder, Konstellationen. Ernst Ginsberg als Mephisto und der Heinrich Gretler als ein Wilhelm Tell, der damals weit mehr meinte als interesseloses Wohlgefallen an klassischer Dichtung. Leonard Steckel als der erste in der großen Reihe der Darsteller des Galilei von Brecht. Man wird innehalten müssen.

Nun gar dies Rednerpult. Hier sprach Thomas Mann über »Leiden und Größe Richard Wagners« in der Spielzeit 1933/34. Man kann darüber in seinen Tagebüchern nachlesen. Es war jener Vortrag vom Februar dieses Entscheidungsjahres 1933, gehalten in München, der darauf einen wohlorganisierten »Protest der Wagnerstadt München« auslöste, und die Emigration erzwang. Glücklicherweise. Protest der »Wagnerstadt München«. Unterzeichnet immerhin von Richard Strauß und Hans Pfitzner und vielen Honoratioren jener Wagnerstadt, die bekanntlich den Richard Wagner selbst weggescheucht hatte in die Schweiz: nach Tribschen vor den Toren von Luzern.

Genützt hat jenes Dokument, soweit man sieht, keinem der Unterzeichner, doch hat es ein unersetzliches Leben gerettet.

Den Vortrag Max Rychners über Hugo von Hofmannsthal und sein Trauerspiel »Der Turm« habe ich hier im Saale noch hören können im Frühjahr 1943. Rychner hat sich des mittellosen Emigranten damals in unvergeßlicher Weise angenommen. Er war es auch, der mich im Oktober 1945 an den Bahnhof begleitete. Als ich ins Ungewisse reiste: ins böse und zerstörte Deutschland. Man spielte hier die zweite und endgültige Fassung von Hofmannsthals nach Calderón konzipierter Menschheitstragödie. Der reine Mensch geht wieder einmal zugrunde an den Intrigen der Mächtigen und der Alltagsklugen. Unvergeßlich, wie Karl Paryla die Abschiedsworte sprach: ich zitiere sie bewußt aus dem Gedächtnis, das sie aufbewahrte. »Sagt der Welt, daß ich da war, wenngleich mich niemand erkannt hat.«

Dies alles blieb Theatergeschichte und Zeitgeschichte in einem. Wie aber konnte er eintreten, jener fruchtbare Augenblick? Die Voraussetzungen in dieser Stadt waren nicht allzu günstig. Wir begehen eine Fünfzigjahrfeier. Fünfzig Jahre eines Theaters? Das ist nicht besonders viel. Lassen Sie mich eine respektlose Geschichte erwähnen, die Ernst Bloch gern zu erzählen pflegte. Da gab es, gegen Ende des 19. Jahrhunderts, eine große Dame der Gesellschaft, die siebzig wurde. Der Beichtvater fand sie traurig am Geburtstagsmorgen und tröstete: Siebzig sei doch kein Alter. Sie ließ sich nicht trösten und sprach: »Für eine Kathedrale natürlich nicht, aber für eine Frau ...«

Ein Theater ist natürlich keine Kathedrale, wenngleich manche Leute das bisweilen glauben. Allein fünfzig Jahre sind auch für ein Theater nicht viel. Man denke an die Wiener Burg und die Comédie Française, an die Königlichen Opern in London und Stockholm. Noch das vergleichsweise junge Deutsche Theater in der Berliner Schumannstraße hatte um das Jahr 1850 einen Bühnenmusiker im Vertrag, der Albert Lortzing hieß.

Um 1850. Damals wohnte und arbeitete der Emigrant *Richard Wagner* unweit von hier am Zeltweg und ärgerte sich über das Gehämmer in der benachbarten Schmiede. Rastlos arbeitete die musikalisch-dramatische Einbildungskraft, doch nichts davon hätte sich hier in der Exilstadt, am Fluchtpunkt Zürich, aufführen lassen. Die Premiere des »Lohengrin« besorgte der Freund Franz Liszt in Weimar. Wagner, steckbrieflich von Dresden aus gesucht, durfte nicht daran denken, ihr beizuwohnen.

Lassen Sie mich das Denkspiel noch weiter zuspitzen. Bis zu seiner letzten Krankheit, bis der Typhus kam, hat *Georg Büchner* im Winter 1836/37 in seiner Spiegelgasse an Dramatischem gearbeitet. Er ließ Leute auf dem Papier heiraten oder sterben, wie er brieflich mitteilte. Vielleicht war es doch der »Pietro Aretino«, ganz sicher der »Woyzeck«. Allein Georg Büchner hat niemals eines seiner Stücke auf der Bühne gesehen. Nichts in seinen Lebenszeugnissen macht erkennen, daß er an eine Aufführung gedacht hätte. Wo auch? Beim verhaßten Großherzog zu Hessen und bei Rhein? Oder in Straßburg inmitten der Wirren zwischen zwei Revolutionen?

Oder gar in Zürich? Georg Büchner ist hier gut aufgenommen worden: nicht allein durch die deutschen Emigranten. Er wäre sicher, hätte er länger gelebt, beamteter Professor der Anatomie oder Pathologie geworden: dafür hätte der befreundete Rektor der jungen Universität gesorgt: der Mitemigrant Lorenz

Oken. Doch eine Schaubühne an der Limmat, die Georg Büchner gespielt hätte? Das war wohl undenkbar.

Nichts davon ist der Stadt und ihren Stadtvätern anzulasten. Man vergesse es nicht: weder Lenz noch Kleist noch Christian Dietrich Grabbe, noch auch Georg Büchner haben, soweit man sieht, je eines ihrer Stücke auf der Bühne sehen dürfen.

Hinzu kam freilich, wenn man dem Paradoxon nachsinnt, daß zwei der größten Dramatiker, Büchner und Wagner, hier ohne irgendeinen Gedanken an eine lokale Theaterpraxis wirken mußten, die auch noch im säkularisierten Denken lange nachwirkende Verteufelung des Theaters und der Theaterleute in der Welt eines evangelischen Christentums.

Theater als ästhetisches Phänomen, also nicht als Jux, Posse und Zote, war bis weit ins bürgerliche neunzehnte Jahrhundert hinein ein Hätschelkind der Monarchie und der Katholizität. Cromwells Puritaner machten für einige Zeit dem Shakespearetheater ein Ende. Die englischen Komödianten wanderten aus. Noch der puritanische Antipuritaner aus Genf, Jean-Jacques Rousseau, hatte sich in einem programmatischen Brief an D'Alembert *gegen* die Gründung eines Theaters in der Stadt Calvins gewandt. Die Bemühungen Lessings um ein bürgerliches Nationaltheater in Hamburg und Friedrich Schillers im aufgeklärten Mannheim, das immerhin die »Räuber« und »Kabale und Liebe« aufführte, sind regelmäßig gescheitert. Staatliche Schauspielhäuser: das waren auf lange Zeit hin die Hoftheater in Deutschland. Staatlich geförderte Stadttheater entstanden bloß in reichen Großstädten wie Hamburg, Frankfurt und Berlin oder Breslau: nicht selten dank der Anteilnahme gebildeter und besitzender jüdischer Stadtbürger. Im übrigen galt, wie heute noch in den mehr oder weniger nachpuritanischen Vereinigten Staaten, der Grundsatz, daß es ein Theaterdirektor halt jeweils versuchen müsse. Nach der schönen Formel, die so zweideutig ist, wie Karl Kraus gezeigt hat: »Auf Gedeih und Verderb!«

In *Zürich* kam, wenn ich es richtig sehe, noch ein anderes Hindernis hinzu, das eine Kontinuität der Schaubühne erschweren mußte. Dieser Zusammenhang ist mir vor kurzem erst klargeworden, als bei einer Tagung der Berliner Akademie der Künste sowohl Christa Wolf wie Adolf Muschg über ihre Erfahrungen hier in Zürich und an der Eidgenössischen Technischen Hochschule berichteten. Sie hatten Seminare abgehalten für angehende Schriftsteller. Erprobung also einer schriftstellerischen Schöpferkraft. Da stellte sich als schwierigstes Phänomen heraus, daß die literarische deutsche Hochsprache hierzulande nicht allein Hochsprache sein muß, sondern gewissermaßen auch Fremdsprache. Natürlich weiß man das, aber man weiß es im einzelnen eben doch nicht. Ein Schauspielhaus in Zürich: das bedeutet im allgemeinen Bewußtsein sowohl Hochkultur wie auch »Fremdkultur« in einem spezifischen Sinne.

Ich weiß, wovon ich rede. Ich saß hier im Zuschauerraum am 5. Januar 1981, als wir zusammengekommen waren, um den sechzigjährigen Friedrich Dürrenmatt zu feiern. Die Türen mußten zugesperrt werden, die zum Heimplatz führten. Draußen wurde demonstriert. Wogegen? Ich weiß es nicht. Wußte es auch nicht im Stadttheater, als wir den »Tristan« als Premiere der Junifestwochen besuchten. Auch dort wurde demonstriert. Wogegen? Ich spürte, wie immer man es deuten mochte, eine tiefe Entfremdung zwischen den kulturellen Wünschen und Sympathien junger Menschen, und einer Hochkultur, die gleichzeitig auch so etwas wie Fremdkultur war, oder besser: geworden war.

Im Zeichen der Metapher vom »Fluchtpunkt Zürich« halte ich es für geboten, darüber nachzudenken. Die so wichtige Ausstellung mitsamt allen Begleitumständen bedeutet ein *Endspiel.* Man schaut zurück auf etwas, das sich nicht wiederholen kann. *Es wird keinen Fluchtpunkt Zürich mehr geben können.* Für Europäer in Europa. Das wissen wir alle insgeheim, auch wenn wir es nicht so genau wissen wollen.

Georg Büchners und Richard Wagners Errettung, das Wirken des Architekten Gottfried Semper und des Literaturwissenschaftlers de Sanctis, das schweizerische Exil von Ernst Bloch und Walter Benjamin im Ersten Weltkrieg: im Jahre 1933 war kaum etwas davon übriggeblieben. Diesmal mußte Bloch das Exilland Schweiz verlassen. Freilich hatten sich auch die Möglichkeiten der rettenden Eidgenossenschaft schrecklich verändert. Mit den Frontisten, die hier in Zürich gegen das Kabarett »Pfeffermühle« der Giehse und der Erika Mann zum Sturm antraten, konnte man in der Stadt gut fertig werden. Obwohl sie mächtige geheime Gönner hatten. Auch darüber kann man bei Thomas Mann in den Tagebüchern nachlesen. Bedrohlicher war die politische und militärische Umschnürung. Der Fluchtpunkt Zürich, der Fluchtpunkt Schweiz war insgesamt eine schwere politische Hypothek geworden. Man kennt die These »Das Boot ist voll«. Man hat damals, und es war ein freundlicher, aber naiver Gedanke, geglaubt in mancher Amtsstube: es wäre vielleicht möglich, die Emigranten ein bißchen zu verstecken. Zu ihrem eigenen Schutze womöglich. Ich habe einmal im Lager Hinterguldenthal arbeiten müssen. Man frage am Schalter nach, wie man dahinkommt. Doch die deutschen Geheimdienste ließen sich so billig nicht täuschen. Sie wußten, wo wir waren: wenn es so weit wäre...

Es hat ihnen nichts genützt. Es liegt mir auch daran, wenn zurückgeschaut werden muß, zu sagen, daß ich in jenen Jahren eine große Erfahrung machen konnte: *mit einer funktionierenden Demokratie.* Damals standen sie auf, die Frauen, die Kirchenleute, die Gewerkschaften, vermutlich sogar in solcher Reihenfolge, um zu erklären: Die Flüchtlinge bleiben hier! Das habe ich niemals vergessen.

Auch hier: Theatergeschichte als Zeitgeschichte. Das Zürcher Schauspielhaus bekam damals jeden Luftzug zu spüren. Da gab es nicht bloß besonnte Vergangenheit. Zum Zürcher Ensemble gehörten seit 1938, also nach der

Annektierung Österreichs, politische Emigranten, die Parteikommunisten waren. Es gab auch sogenannte »Sympathisanten«. Kurt Hirschfeld hatte, unter Pseudonym, in einem Basler Verlag Bertolt Brechts dramatische Bearbeitung der »Mutter« von Gorki mitsamt den erzmarxistischen Anmerkungen des Stückeschreibers veröffentlicht. Das Zürcher Theater zwischen 1933 und 1945 war entschieden antifaschistisch, was angesichts der Politik des Dritten Reiches auch heißen mußte: anti-imperialistisch.

Kurt Hirschfeld hat in einem Rückblick vom Jahre 1945, geschrieben für ein Theaterheft unserer Schriftenreihe »Über die Grenzen«, die nun auch als Reprint erscheint, das Programm des Theaters am Heimplatz so umschrieben:

»Es galt, das Theater als wirkende kulturelle Institution einzusetzen, seinen geistigen Ort zu bestimmen und seine Funktionen zu restituieren in einer Zeit, in der das deutschsprachige Theater lediglich Propagandawaffe war.«

»Es half, künstlerische, ethische, politische und religiöse Probleme zur Diskussion zu stellen in einer Zeit, in der Diskussion durch blinde Gefolgschaft abgelöst schien.«

Natürlich war das abermals, auf einer

durchaus neuen historischen Stufe, das Programm einer »Schaubühne als moralischer Anstalt«. Theater der Aufklärung im Sinne einer großen bürgerlichen Tradition. Bürgerlich hier verstanden im Sinne von Citoyen, nicht von Bourgeois. Darum war es neben Shakespeare, den man umfassend spielte, einschließlich des »Timon von Athen« und des »Perikles von Tyrus«, vor allem *Schiller*, den man, als Dramatiker der bürgerlichen Revolution, nicht aber als bürgerlichen Revolutionär vor allem aufführte.

Das zeitgenössische Theater trat daneben sichtbarlich zurück. Es war das Pech jener Theaterarbeit, daß die Dramatik von Frisch und von Dürrenmatt noch nicht vorlag. Cäsar von Arx und Werner Johannes Guggenheim konnten sich nicht durchsetzen. Aber man spielte zum erstenmal »Die Fliegen« von Sartre in deutscher Sprache.

Die politischen Grenzen bekam das Theater immer wieder zu spüren. Georg Kaisers bedeutendes Theaterstück »Der Soldat Tanaka«, das den militärischen Ungehorsam schildert gegenüber einer unmenschlichen Obrigkeit, mußte in der Spielzeit 1940/41 abgesetzt werden: nach einem Protest der kaiserlich-japanischen Botschaft in Bern.

Die Uraufführung von Brechts Parabelstück »Der Gute Mensch von Sezuan«, mit Maria Becker und Karl Paryla, in der Spielzeit 1942/43 provozierte nun wirklich in der Stadt die von Hirschfeld gewünschte breite Auseinandersetzung über politische, gesellschaftliche und religiöse Probleme. Sie machte ahnen, daß es in Zürich keine wirklich über das neunzehnte Jahrhundert hinauswirkende Erörterung ästhetischer Aufklärungsprämissen gab, die sich mit dem deutschen Expressionismus und der Neuen Sachlichkeit, oder mit dem französischen Surrealismus hätte vergleichen lassen. Die Leute vom Cabaret Voltaire am Fluchtpunkt Zürich und im Ersten Weltkrieg hatten hier keine Folgen gehabt. Andererseits hatte sich ein – vielleicht – antiquierter Denkansatz, hatte sich sogar ein republikanischer Puritanismus als widerstandsfähiger erwiesen vor der neuen, hochtechnisierten Barbarei, als die »zeitgemäßen« Philosophien. Man sieht: der »Fluchtpunkt Zürich« bedeutet ein dialektisches Prinzip.

Um abermals von historischer Dialektik zu sprechen: die Geschichte liefert haufenweis Zeugnisse dafür, daß das einstmals Geächtete, das dann gesiegt hat, dazu dienen muß, bei neuen Ächtungen mitzuhelfen. Der geächtete und entartete Richard Wagner diente den Wagnerianern der Berliner Reichskanzlei dazu, alles mißliebige Kunstschaffen als entartet zu verbannen.

In einem nachdenklichen Gedicht von *Günter Kunert* über den Dorotheenstädtischen Friedhof in Ostberlin, wo Hegel und Fichte begraben liegen, aber auch Heinrich Mann und Brecht und Hanns Eisler und viele andere Geächtete von einst, werden die großen Toten vom Dichter beklagt, immer wieder als Kronzeugen angerufen zu werden bei neuen Repressionen der Nachgeborenen.

In einer weit harmloseren, doch nicht so ganz harmlosen Weise gilt das auch für das *Erbe der Zürcher Theatertradition* seit den Fünfziger und erst recht den Sechziger Jahren. Ein Glücksfall war es zunächst, daß Hirschfeld in Zürich blieb, alle deutschen Angebote abwies; daß auch wichtige andere, nichtschweizerische Mitglieder des Ensembles der Stadt die Treue hielten. Hinzu kam, daß das Beispiel dieser Tradition die schweizerischen Dramatiker inspiriert hatte. *Max Frisch und Friedrich Dürrenmatt* hatten jetzt eine Bühne, für welche zu schreiben sich lohnte. Die großen Premieren, jetzt als Weltpremieren zu verstehen, fanden im Pfauen statt. In ihren Betrachtungen zum Theater und zur eigenen Arbeit haben beide, diese sonderbaren Dioskuren, immer wieder ihre Dankbarkeit bekundet. Dürrenmatt stand am Totenbett Kurt Hirschfelds in der Klinik am Tegernsee. Max Frisch hielt dem Freund eine Gedenkrede, die freilich auch die Grenzen jener Theaterarbeit sichtbar machte.

In der Rede von Frisch, gehalten bei der Trauerfeier des 15. November 1964 an dieser Stelle (auch Dürrenmatt sprach damals), wird Bilanz gezogen, so wie das Hirschfeld selbst fast zwei Jahrzehnte früher getan hatte. Frisch erläutert, warum dies Haus hier seine Ausstrahlung auch in Friedenszeiten, ohne den Fluchtpunkt Zürich, bewahren konnte: »Was das Zürcher Schauspielhaus zusammengehalten hat, als die Schweiz nicht mehr ein Unterstand für Flüchtlinge war ..., das war nicht so sehr unsere Stadt, das war ein Mann: Hirschfeld.«

Die Rede schließt nachdenklich, fast traurig: »Eine Epoche ist zu Ende, sagte ich. Eine neue ist zu bestehen. Was uns im Augenblick bleibt, ist ein Maß. Und das ist eine Art von Denkmal, das wir nicht umgehen können; es steht hier, wenn die Blumen verwelkt sind, im Arbeitslicht.«

Im Arbeitslicht. Das wird auch wieder eingeschaltet werden, wenn unsere heutige Jubiläumsfeier zu Ende kam. Die eigentliche Theaterarbeit findet stets bei Arbeitslicht statt. Fragen wir nach der weiteren Theaterarbeit im Arbeitslicht. Hirschfelds Tod nach schwerer Krankheit hat eine Zäsur bedeutet. Dreißig Jahre lang, noch vor 1938, noch unter der Direktion Ferdinand Rieser, der Thomas Mann sehr gewogen war, und wohl mit Recht, hatte Hirschfeld die Akzente gesetzt. Nun war Halbzeit. Wie ging es weiter: von 1964 bis heute? Beschönigung ist sinnlos. Der Zorn von gestern läßt sich nicht konservieren, wirkt dann bloß komisch.

Ich möchte noch einmal den Zeitzeugen Max Frisch zitieren: das ist legitim. Er war stets dabei. Je nachdem dankbar oder auch erbittert.

Im Fünften Band der Gesammelten Werke, der Texte aus den Jahren 1964 bis 1967 vereinigt, mit dem Gantenbein-Roman und der dramatischen Arbeit »Biographie: Ein Spiel«, die am 1. Februar 1968 hier im Hause und in Leopold Lindtbergs Regie aufgeführt wurde, gibt es zwei Texte einer sonderbaren Polemik. Sie hatte nicht eigentlich mit der Zürcher Theaterarbeit zu tun, handelte aber vom wünschenswerten und vom unerwünschten Theater. Bekannt wurde die Auseinandersetzung unter dem falschen Namen »Zürcher Literaturstreit«, obwohl es keiner war und obwohl es sich nicht um eine spezifisch zürcherische Thematik handeln konnte.

Die Auseinandersetzung war ernstzunehmen: nicht allein dank dem geistigen Rang der Kombattanten: eines großen Gelehrten und eines bedeutenden Schriftstellers. Läßt man alles Persönliche und Psychologische beiseite, so bleibt, von heute her gesehen, zweierlei übrig: ein *Symptom* und eine *Antinomie*. *Symptomatisch* war die leidenschaftliche Reaktion auf die europäischen Austreibungen und Revolten des Jahres 1968. Aufgebrochen war abermals, was man gegen Ende der Vierziger Jahre als *»le malaise suisse«* bezeichnet hatte. Die ästhetische *Antinomie* jedoch bestand darin, daß im Schauspielhaus Zürich aus Anlaß einer Preisverleihung eine Rede gehalten wurde, die man, genau betrachtet, als vollkommene Negation aller bisherigen Theaterarbeit in diesem Hause verstehen mußte.

Man wird das an einer Konfrontation der Texte demonstrieren können. Kurt Hirschfeld hatte in seinem bereits erwähnten Text von 1945 so formuliert: »Es galt, das Bild des Menschen in seiner ganzen Mannigfaltigkeit zu wahren und zu zeigen und damit eine Position gegen die zerstörenden Mächte des Faschismus zu schaffen.«

Scheinbar will das auch der Redner im Zürcher Literaturstreit. Allein dann heißt es: »Man gehe die Gegenstände der neueren Romane und Bühnenstücke durch. Sie wimmeln von Psychopathen, von gemeingefährlichen Existenzen, von Scheußlichkeiten großen Stils und ausgeklügelten Perfidien.« Auch hier wird eine Schaubühne als moralische Anstalt intendiert, allerdings wäre dabei eher an eine moralisierende Anstalt zu denken. Es wäre billig zurückzufragen: Und Jago, und Richard der Dritte, Franz Moor, Mephistopheles oder Clavigo?

Gemeint war etwas anderes. In einer wunderbaren Studie über Goethes Winckelmannschrift hatte *Emil Staiger*, gleichsam bekenntnishaft, eine Ästhetik der Künstlerischen Harmonie beschworen. Glückhafte Augenblicke, die man der Kunst verdankt. Daß auch der Gezeichnete, der Außenseiter, der Gekreuzigte des Isenheimer Altars ein Gegenstand menschlicher Selbstbesinnung sein könnte, wird nicht beachtet. Kurt Hirschfeld hätte antworten können, daß in Schillers großem

Gedicht »Die Künstler« die Wahrheit sich als Schönheit zu erkennen gibt. Allein der Redner im Zürcher Literaturstreit war kein Schillerianer.

Max Frischs Text »Endlich darf man es wieder sagen. Eine Antwort an Emil Staiger«, versucht darum nicht ernstlich, die ästhetischen Antinomien harmonisieren zu wollen. Das Symptom ist ihm wichtiger als die Kunstdebatte. Ihn beschäftigt der jubelnde Beifall, den jene Rede gegen die Psychopathen und gemeingefährlichen Existenzen in einer schweizerischen Oberwelt gefunden habe. Darf man wieder von entarteter Kunst sprechen? Ist es wieder so weit. Das quält den Gegenredner.

So macht Frisch auch hier die Theatergeschichte zur politischen Geschichte, was sein Gegner auch getan hatte. Frisch repliziert: »Du hast den herzhaften Beifall der versammelten Gesunden gehört. Auch ich habe Deinen Worten gelauscht.« Das sei eine Rede gewesen, die auch in einem stalinistischen Moskau mit Beifall begrüßt werden könnte. Grober Klotz also und grober Keil. Dann aber heißt es in der Erwiderung, die Frisch in seine Schrift »Öffentlichkeit als Partner« aufnahm, noch einmal grundsätzlich: »Wer auf eine Bühne tritt und insbesondere auf diese Bühne, steht in der Zeit und hat sich dieser Zeit bewußt zu sein, daß sein Vornehm-Gemeintes nicht (wider seinen Willen) Wasser auf die Knochenmühlen sehr gewisser Leute sein kann ...«

Drei Jahre später, im Herbst 1969, hätten diese Worte das Motto abgeben können für eine Episode der Zürcher Theatergeschichte, die unsereinem, der von außen hereinschaut, auch wenn er sich ein bißchen auskennt, nach wie vor unerklärbar vorkommt. Hier war etwas geschehen, was allen bisherigen Traditionen dieses Hauses widersprach. Bisher hatte, wie immer man die einzelnen Aufführungen und Spielpläne beurteilen mochte, Konsens geherrscht zwischen den Künstlern dieses Hauses und der Öffentlichkeit dieser Stadt. Dieser Konsens war gekündigt worden.

Am 13. Dezember 1969 gab der Verwaltungsrat der Neuen Schauspiel AG bekannt, daß er vor der Generalversammlung der Aktionäre beantragen wolle, die Verträge mit dem künstlerischen Direktor, Dr. Peter Löffler, und dem Chefdramaturgen Klaus Völker auf Ende der laufenden Spielzeit aufzulösen. Das hat, wie man weiß, die Abwanderung von Künstlern wie Edith Clever und Jutta Lampe, Peter Stein und

Bruno Ganz bewirkt. Der Weg wurde frei zur Theaterstadt Berlin, zum Welterfolg der Schaubühne. Eine große Möglichkeit, abermals von Zürich aus dem Theater deutscher Sprache neue Impulse zu geben, die Hirschfeldschen Maßstäbe weiterzuentwickeln, war vertan. Peter Löffler hatte mit Hirschfeld eng zusammengearbeitet. Ich selbst kenne ihn noch von daher.

Blättert man in den Programmheften jener Saison 1969/70, auch in den Kritiken und Polemiken, so bleibt alles nach wie vor unverständlich. Prometheus von Aischylos in der Bearbeitung durch *Heiner Müller*, einem der bedeutendsten Stückeschreiber von heute. Die europäische Kulturstadt des Jahres 1988, Berlin, hat eine Gesamtschau über Heiner Müllers Werk stolz angekündigt. Im Programmheft ein – übrigens nicht schlüssiges – Zitat von Karl Marx über die antike Tragödie. Entrüstung über ein vor Jahrzehnten geschriebenes Endspiel von *Elias Canetti*, betitelt »Die Hochzeit«. Das Nobelkomitee zu Stockholm war nicht entrüstet. Goethes frühe und böse Komödie »Die Mitschuldigen«, wo nur Spitzbuben, Betrüger und Betrogene auf der Bühne agieren. Mit einem bösen Text über den »Pfuhl der bürgerlichen Sozietät« im Programmheft, den Goethe verfaßte. Ein Spätwerk des großen Iren O'Casey.

Eine wunderbare Aufführung der »Freiheit in Krähwinkel« von Nestroy, inszeniert von Paryla mit Hans Brenner und Christiane Hörbiger. Ich habe sie begeistert mir angeschaut. Texte im Programmheft über Nestroy und das Jahr 1848 von Karl Kraus, Ernst Fischer und Theodor Fontane.

Ach ja, und die monströse Aufführung des »Early morning« von *Edward Bond* in der Inszenierung Peter Steins. Eine rüde britische Farce gegen das immer noch weiterwirkende viktorianische England. Man mag das mögen oder nicht, aber Rausschmiß nach drei Monaten? Rausschmiß wegen Heiner Müller und Elias Canetti, Edward Bond und Sean O'Casey? Was ging hier vor im Fluchtpunkt Zürich?

Es ist nun einmal so: das so beredt beschworene »Schöne« ist immer wieder auch, wie Rilke gewußt und gesagt hat, zugleich des Schrecklichen Anfang. Daher die Faszination der Künstler vor der Schönheit der Medusa. Wer im Theater nicht erträgt, wenn es ihm von ernsten Künstlern vorgeführt wird, was er vor dem Fernsehschirm gelassen zur Kenntnis nimmt als »bloße« und schreckliche Wirklichkeit, der wünscht sich die Lebenslüge. *Der wünscht sich ein verlogenes Theater.*

Sehr unfestliche Gedanken, ich gebe es zu. Allein sie wurden inzwischen nicht widerlegt. Die tiefe Entfremdung zwischen der gesellschaftlichen Realität Zürich, dem einstigen Fluchtpunkt, und dem Zürcher Theater ist geblieben. Beides gehört zusammen und muß zu denken geben. Der Jubel über eine Rede des wirklichkeitsfernen Klassizismus mitsamt einer Repression, als die moderne Dramatik und Bühnenkunst unserer Tage hier einziehen wollte: Das ist das eine. Das andere sind die sorgfältig verriegelten Türen dieses Hauses, als junge Menschen draußen demonstrierten: wirr vielleicht, falsch unterrichtet, möglicherweise auch mißbraucht. Mit denen aber nicht gesprochen wurde, soweit ich sehe.

Vielleicht ist dies alles, nach fünfzig Jahren, ohnehin nicht mehr fortsetzbar, wenn man den Samuel Beckett zu Ende denkt. Das wäre ein Unglück, doch wir haben uns, siehe Beckett, schon oft und gut gewöhnt an das Unglück anderer Leute. Geblieben ist der tiefe Dissens gegenüber dem einstigen Konsens der Kriegsjahre. Als unsereiner eine ernste, sorgenvolle, solidarische, menschenfreundliche, schweizerische Wirklichkeit erleben konnte. Gewiß, auch das andere war da, aber es hatte an Macht viel verloren. Soll man sich eine Rückkehr wünschen? Das wäre absurd. Man darf es nicht wünschen.

Frage ich mich – abschließend –, welches der stärkste und bleibende Lebensaugenblick war, den ich hier im Saale erfahren durfte, so war das gar kein Theaterabend, sondern eine Matinee. Genauer: es waren zwei Morgenveranstaltungen. Jeweils am Sonntag. Das war am Ende der Spielzeit 1944/45, als der Krieg zu Ende schien und man dem Prinzip Hoffnung zu vertrauen gedachte.

Damals kündigte das Schauspielhaus zwei wohl geprobte und wohl auch inszenierte Lesungen an aus dem Riesenwerk von *Karl Kraus*: aus den »Letzten Tagen der Menschheit«. Sie alle saßen, die Mitglieder des Ensembles, auf ansteigenden Bänken vor uns. Keine Dekoration. Keine Gestik. Nur das Wort, das zum großen Teil gar nicht Dichterwort sein durfte, sondern unser eigenes dummes, wahnhaftes, böses Sprechen repetierte. Gesammelt zu einem Riesendokument. Die Sprecher hatten dies alles zu vermitteln: Dummheit, Wahn, Bosheit. Die Giehse als monumentale Journalistin Alice Schalek, die an der Front gern ein bisserl mitschießen möchte, was auch gewährt wird. Wolfgang Langhoff in verschiedenen Inkarnationen des deutschen Wahns, Karl Paryla als der sterbende Soldat. Vorn in der Mitte der Spielleiter Leopold Lindtberg, der die Anmerkungen sprach. Unvergeßbar, wie er jeweils, nach einer wirklich gewesenen Horrorszene, sachlich mitteilte: »Verwandlung.«

Außerdem aber sprach Lindtberg auch die Texte des »Nörglers«. Des Großen Nörglers. Die Rolle des Verfassers Karl Kraus.

Kaum jemals sonst habe ich so deutlich gespürt, wie eine Veranstaltung der Schaubühne und des Wortes sowohl eine Gemeinschaft zusammenzuführen wie auch den einzelnen zu verändern vermag. Das war das Gegenteil eines verlogenen Theaters. Eben weil es auch die Lüge mitspielte.

So mögen also Sätze des Nörglers am Schluß stehen. Sie finden sich im Vorwort zu den »Letzten Tagen der Menschheit«, und sie sind wahr geblieben. Da heißt es:

»Denn über alle Schmach des Krieges geht die der Menschen, von ihm nichts mehr wissen zu wollen, indem sie zwar ertragen, daß er ist, aber nicht, daß er war. Die ihn überlebt haben, ihnen hat er sich überlebt, und gehen zwar die Masken durch den Aschermittwoch, so wollen sie doch nicht aneinander erinnert sein. Wie tief begreiflich die Ernüchterung einer Epoche, die, niemals eines Erlebnisses und keiner Vorstellung des Erlebten fähig, selbst von ihrem Zusammenbruch nicht zu erschüttern ist, von der Sühne so wenig spürt wie von der Tat...«

Hinweise

Berlin: Ort des Neuen
Geschrieben für das Festmagazin des Berliner Senats aus Anlaß der Auszeichnung Berlins als »Kulturstadt Europas 1988«.

Köln: eine Stadt, die auch ihr Gegenteil ist
Geschrieben für das im Juli 1988 erschienene Heft »Köln« der Sammlung »Merian«.

Wiedersehen mit Leipzig
Bericht über einen Besuch im März 1988.

»München leuchtete«. Über Thomas Mann und München
Rede, gehalten am 20. Oktober 1987 in der Stuck-Villa, München, zur Eröffnung der Thomas-Mann-Ausstellung.

Fluchtpunkt Zürich. Theatergeschichte als Zeitgeschichte
Rede, gehalten am 26. Juni 1988 im Schauspielhaus Zürich zum 50jährigen Jubiläum des Hauses.

Von Hans Mayer
erschienen im Suhrkamp Verlag

Außenseiter. 1975 (auch: *st 736*. 1981)

Nach Jahr und Tag. Reden 1945-1977. 1978

Thomas Mann. 1980 (auch: *st 1047*. 1984)

Ein Deutscher auf Widerruf. Erinnerungen I. 1982 (auch: *st 1500*. 1988)

Ein Deutscher auf Widerruf. Erinnerungen II. 1984 (auch: *st 1501*. 1988)

Aufklärung heute. Reden und Vorträge 1978-1984. 1985

Das unglückliche Bewußtsein. Zur deutschen Literaturgeschichte von Lessing bis Heine. 1986

Augenblicke. Ein Lesebuch. Herausgegeben von Wolfgang Hofer und Hans Dieter Zimmermann. 1987

Reden über Ernst Bloch. 1989

In der Bibliothek Suhrkamp:

Brecht in der Geschichte. Drei Versuche. 1971. *BS 284*

Goethe. Ein Versuch über den Erfolg. 1973. *BS 367*

Doktor Faust und Don Juan. 1979. *BS 599*

Ein Denkmal für Johannes Brahms. Versuche über Musik und Literatur. 1983. *BS 812*

Versuche über Schiller. 1987. *BS 945*

Ansichten von Deutschland. Bürgerliches Heldenleben. 1988. *BS 984*

In der edition suhrkamp:

Anmerkungen zu Brecht. 1965. *es 143*

Anmerkungen zu Richard Wagner. 1966. *es 189*

Das Geschehen und das Schweigen. Aspekte der Literatur. 1969. *es 342*

Der Repräsentant und der Märtyrer. 1971. *es 463*

Versuche über die Oper. 1981. *es 1050*

Gelebte Literatur. Frankfurter Vorlesungen zur Poetik. 1987. *es 1427*

In den suhrkamp taschenbüchern:

Georg Büchner und seine Zeit. 1972. *st 58*

Richard Wagner in Bayreuth. 1876–1976. *st 480*

Über Hans Mayer:

Über Hans Mayer. Herausgegeben von Inge Jens. 1977. *es 887*

Materialien zu Hans Mayer »Außenseiter«. Herausgegeben von Gert Ueding. 1978. *st 448*

Hans Mayer zu ehren. 1978